小さな家の暮らし

柳本あかね

はじめに

家で過ごす時間がとても好きです。
のんびりとくつろいで心地よく過ごす。
それはひとりでも、夫と一緒の時でも同じです。

私たちはいま、30平米のワンルームマンションで暮らしています。
夫婦ふたり。共働き。ついでに子猫もいます。
忙しい毎日なのに、そんな小さな家で、くつろげるのかな、
と不思議に思うかもしれません。

結婚して14年。
これまでふたりで暮らした家は6軒ですから、
引っ越しは多いほうだと思います。
そのなかでも今の家は、
これまで住んだどこよりも狭く、そして最も快適です。

それは、狭いからこそ必要なものだけが残ったから。
掃除もラク、料理も気軽。
家族の気配がいつも感じられることで
安心感もあるのです。

「知足」という言葉があります。
足るを知る。暮らしにおいていうならば、
自分にふさわしい、身の丈に合った、
というような意味でしょうか。
まさにこの家は私たちにとっての「知足」。
「ちょうどいい」大きさなのです。

狭い家にふたり一緒なんて…という方もいるでしょう。
でも、この本を読んでいただくことで小さな家っていいかも、
とすこしでも思えてもらえたら嬉しいです。
ちょうどいい暮らしを手に入れたら、
毎日がほんの少しラクになって
もっとのんびりと過ごせるかもしれません。

もくじ

chapter

2 収納

Column

chapter

3 料理と食事

chapter

4 お風呂と掃除

Staff
写真…有賀傑
デザイン…三木俊一（文京図案室）
印刷…シナノ印刷株式会社

本書のデータは2017年8月現在のものです。商品や店舗に関する情報は変更されている場合がありますので、ご利用の際は予め確認されることをおすすめします。

chapter 0

小さな家の魅力とセオリー

大人暮らしにこそ小さい家をすすめる理由

自分にはどんな服が似合って、どんな暮らしが心地いいのか。それがはっきりわかっている人を、私は「大人」だと思います。そんな大人にこそ、小さな家で暮らすことをおすすめします。

小さな家での暮らしとは、狭くて不便な住まいの中で、ものを捨てたり趣味を諦めたりに頭をひねる生活ではありません。むしろ小さいからこそ快適で、特に生き方が定まってきた大人にとっては、無駄がなく、本当に好きなものだけと暮らせる豊かさがあると感じています。

たとえば家が小さくなると、キッチンもおのずとコンパクトに。するとわが家では、いつしか夫も料理に参加するようになりました。理由を聞いてみると、広い家では鍋も食材もいろいろあって、どれを使えばいいか考えるうちに腰が重くなったそう。しかし家が狭くなると、道具も必然的に絞られます。鍋はひとつ、調味料も「これさえあれば」の定番だけを置いているので、迷う心配がなく気軽に作りたくなるそうです。私としても、「あっちのフライパンを使ってほしい」「醤油は使いかけがあったのに」などストレスを感じることが減りました。

掃除も簡単。普段の掃除なら五分もあれば全部屋にワイパーをかけられますし、大掃除すら夫婦ですれば二時間以上かかりません。小さな家は、住む人の気持ちを身軽に、前向きにしてくれているのだと実感します。

chapter

0

小さな家の魅力とルール

のんびりくつろぎ
時には趣味も

狭くても心地のいい暮らしのセオリー

いまの住まいは、約30㎡の賃貸マンション。引っ越す前は二階建ての一軒家でしたから、その荷物をすべて持ち込むのは到底無理なことでした。かといってやみくもに減らしては、私たちが家にいちばん求める「のんびりくつろぐ」が成り立ちません。そこで、三つの工夫を考えました。

まず、狭くても生活に不便がないよう、必要なものはちゃんと持つこと。とはいえ収納には限りがあるので、もの一つひとつをサイズダウンし、そのぶん種類はキープします。調味料やコスメは使い切りサイズ、包丁はペティナイフへと切り替えて

theory

1

ものをミニサイズに切り替える

使う道具を小さいものに選び直せば、限られたスペースにも収まります。数を無理に減らすことなく、必要なものをきちんと持つことができます。

いったら、必要なものはすべて持てました。

次に、自分たちらしさを大切にすること。私も夫も各々に趣味や思い出の宝物があります。毎日使うものでなくても、その置き場所は確保しました。

最後に、どんなに小さくても自分の「陣地」を作ること。小さな家で穏やかに暮らすには、一緒に過ごすだけでなく、それぞれがひとりで集中できることも重要です。これは精神的にもどこか安心感をもつのに役立って、これらのおかげで、狭くても居心地のいい暮らしができています。

theory

2

やりたいことから逆算する

狭くても自分たちらしい暮らしをするために、「やりたいこと」や「自分にとって大切なこと」に必要なものから、優先的に収納場所を決めています。

theory

3

それぞれが陣地を確保

小さい家だからこそ、それぞれのプライバシーが大切になります。小さくても自分だけの陣地があれば、安心してリラックスできます。

theory 1

物をミニサイズに
切り替えると……

小さい家でも必要な物はすべて持てる

調味料

収納場所の問題に加え、鮮度が高いうちに使いきれるのがいいところ。山椒やクミン、ナンプラーなど、わが家好みの味に必要な種類を揃えています。

キッチンツール

包丁ではなくペティナイフ、炒めものにはしゃもじサイズのヘラ、味噌漉しには竹の茶漉しを使っています。

狭い家に暮らすとなると、ものを捨てる、あるいは持たない、という選択肢を選びがち。でも、もの一つひとつを小さくすれば、必要なものはちゃんと持てます。数は減らさず、スペースにゆとりが生まれるのです。

たとえばキッチンツール。スパチュラは長さ30cmほどが一般的ですが、私が使っているのは約20cm。トングはわずか12cm。これなら狭いキッチンの引き出しにもすっぽり収まります。

あるいはコスメ。トラベルサイズの化粧水は高さ10cm。保湿オイルやリップバームなどのスキンケアアイテムをまとめて洗面台の鏡裏に収納できます。

掃除用具

本来とは別の方法で使える道具を探してダウンサイジング。たとえば、指先や爪を洗う「爪ブラシ」を浴室の床掃除ブラシとして使っています。

文房具

携帯用の文具を家でも愛用。頻度は高くても、使うのは封を切ったりタグを取ったりする程度ですから、この大きさで十分です。

化粧品

トラベルサイズを愛用。基礎化粧品、ブラシやビューラーも小さいです。肌質の変化や季節の変わり目に取り入れてみたくなったら、気軽にトライできるのも◎。

theory 2

やりたいことから逆算すると……

狭くてもくつろげる家になる

「ふたりで過ごす時間を大切に」から逆算

→小さな家に合う道具を探す

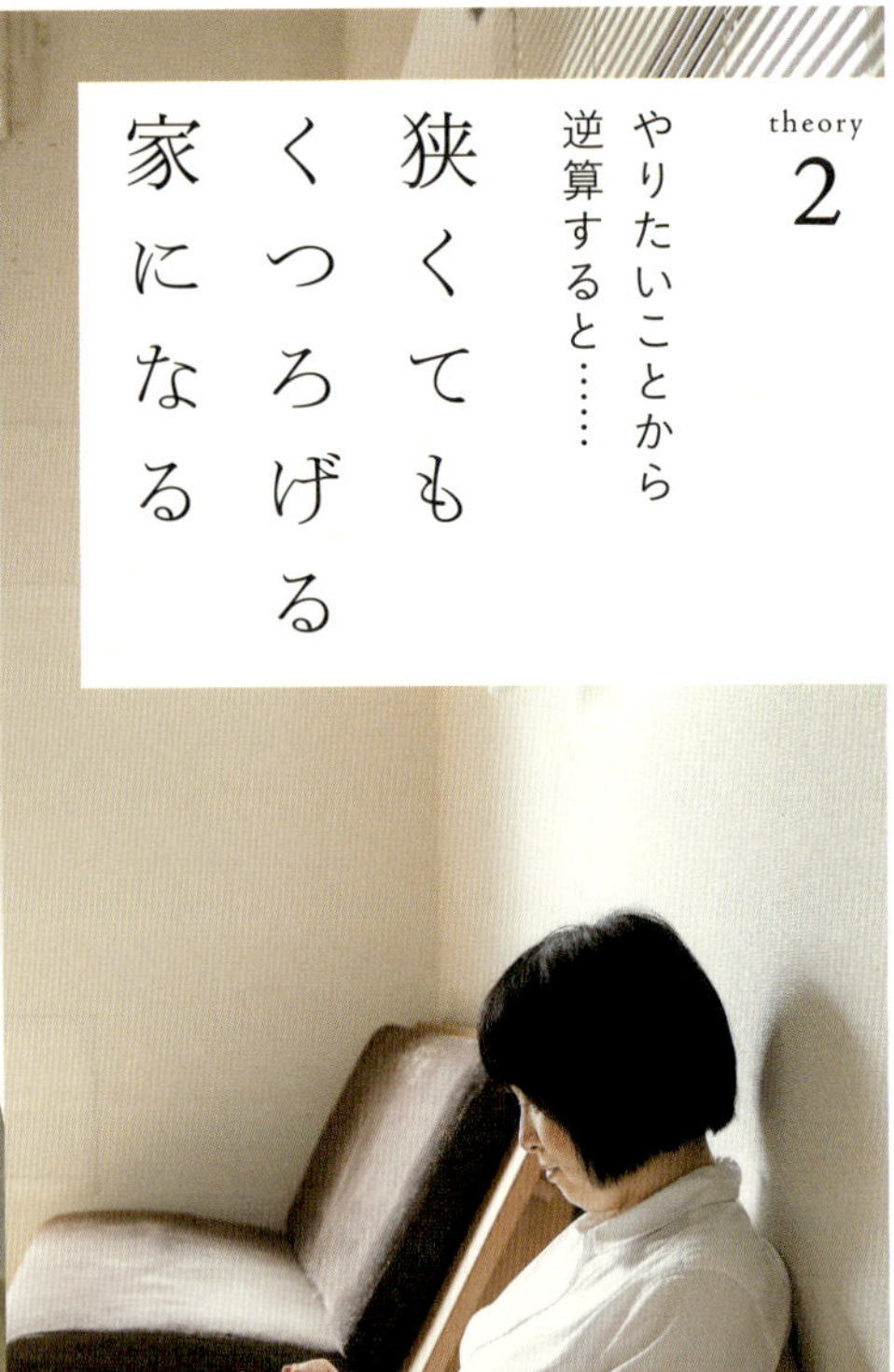

「のんびりしたい」から逆算

→フローリングに置き畳を敷く

家に帰ってホッとするには、自分らしい部屋になっていることが大事だなと思います。だからわが家では、もの選びも収納も「やりたいこと」から逆算方式。「こう過ごしたい」に必要なことを優先させて、他はそのあと決めていきます。

たとえば私たちの最優先事項、「のんびりしたい」。そのために、足をのばしてゆったりだらだらできるよう置き畳を敷いています。フローリングの部屋ですから、ラグやダイニングセットを置くのが一般的かもしれませんが、このほうが断然広く、開放的に感じます。

普通はこうする、という常識より、自分はどうしたいかを優先させると狭くてもくつろげる家になると思います。

「趣味のものを持ち続けたい」から逆算
→クローゼットには趣味のものから収納します

theory
3
それぞれが陣地を確保すると……
ひとりの時間も楽しめる

「私」スペース

ベッドサイドの小机の上が私のスペースです。通勤バッグやスマホ、仕事の資料、冬にはブランケットなどを置くことも。寝ころんだまま、バッグに手が届きます。

わが家は、リビングと寝室がひとつになったワンルーム。小さな部屋でお互いリラックスして過ごすには、自分だけの空間も大切です。

そこで各々のベッドサイドに、プライベートスペースを確保しました。夫はベッドから手を伸ばせる位置の棚の一角、私はベッド脇に置いた小机のあるスペースです。

また、リビングには大きな円形のローテーブル。ふたりで囲んでも視線が重ならないくらいのサイズなので、別々の作業をしても気になりません。

こんなふうに、守られたテリトリーがあるとどこか安心。ふたりでいてもひとりの時間を楽しめます。

「夫」スペース

リビングにある棚の左上が夫のスペース。こちらも本人がベッドから手を伸ばせる場所。スマホ、カギ、寝る前に読む本など。小さな地球儀や時計（P.28）も夫の管理下です。

わが家の間取り

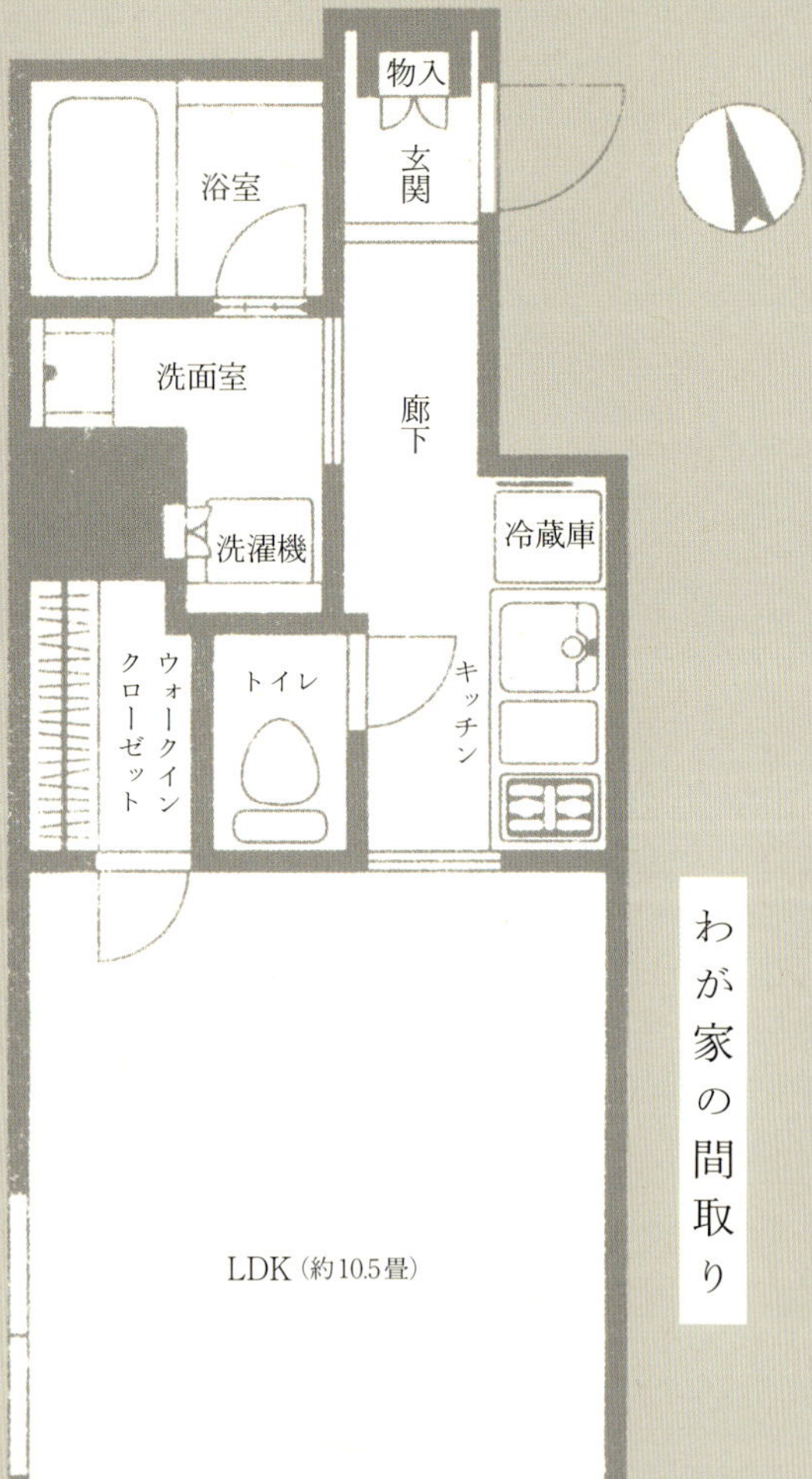

都内の賃貸マンションに
夫婦ふたり暮らしです。
総面積は約30㎡。
立地と日当たりの良さ、
解放感のあるワンルームの
間取りが気に入っています。

chapter

1

くつろぎと眠る時間

家で過ごす時間の心地よさは、
広さと比例するのでしょうか。
私は必ずしもそうではないような
気がしています。
狭くても、ホッと落ち着く
わが家の作り方を紹介します。

リビングと寝室とダイニングを兼ねた10・5畳のワンルームに、テーブルとソファとベッドと棚。これがわが家のすべてです。「夫婦ふたりでこれだけ？」と驚く人も多いのですが、私たちには快適な暮らしです。

落ち着かないんじゃない？ いえいえ、相手が自分の部屋にこもって何をしているか分からないより、いつも気配を感じられる方が私はずっと安心できます。たわいない会話も自然と増え、家に居る時間が少ない共働きとしても共有の話題が多くなるのは嬉しいこと。

部屋には自分たちが好きなものだけ、愛着をもって置いています。人と人、人とものとの距離もまた、この広さだからこそホッと落ち着くと思うのです。

わが家はふたりで
30平米。
ワンルーム
暮らしに
落ち着きました

狭くても心地いいリビングはつくれます

心地よさは、広さと比例するものではありません。たとえば茶室。簡素なしつらえで囲われた空間は、自分を落ち着かせ、一緒にいる人とは親密な会話を生み出します。あるいは旅先のホテル。ロビーからちょっと離れた読書室は、自分だけの時間に浸り、ゆったりとリラックスするのに最適です。

大切なのは、安心感のあるほどよい広さ、そしてそのすみずみまで整っているということ。夫婦で過ごす家ならば、ふたりが居て窮屈でない部屋で、お互いの好きな家具や雑貨を愉しむことがくつろぎのもとになる気がします。

わが家では、ソファに座ると部屋全体を見渡せます。正面の棚には長年愛用しているコーヒーやお茶の道具があり、左を向くと夫婦共通の趣味である本が並んでいます。手前には、すっきり整えたベッド。私は壁にもたれてぺたりと座ってテレビを眺め、夫はソファで本を開く。気付くと真ん中に子猫が潜り込んできたりして、幸せだなあと感じます。

広すぎる部屋は、私の場合、なんだかそわそわして落ち着きません。空間を持て余してしまうようです。ものの置き場や収納場所は増えますが、逆に大好きなものが埋もれてしまう気もします。また、広いとくまなく掃除するのもちょっと大変。この狭さだから、無理なく心地よく保っていられるのかと思います。

小さく、感じよくまとまっている状態を意味する「こぢんまり」。この言葉が表す雰囲気はわが家にぴったり。落ち着く場所のことなのだと実感しています。

ソファの横はお気に入りのくつろぎ場所のひとつ。日中は緩やかな日差しが差し込み、電気をつけなくても快適。床座の生活も気持ちよく、体のリズムや気持ちが安定するようです。

のんびり気分になれるインテリア

部屋ではのんびり過ごしたい。だからリビングには、自然と気持ちがほころぶものを置くようにしています。

たとえば小さな地球儀。旅の妄想に浸ったり、またニュースで気になる国名が出てきたら夫とくるくる回して眺めたりするときの相棒です。各々がスマホで検索してしまうとちょっと淋しいけれど、これを使うと不思議と和むもの。この国って意外に近いんだね……など、思わぬ発見に会話が弾んだりもします。

他にも、ビジュアルのきれいな本や思い出の写真はリラックス空間にぴったり。わが家では、手のひらサイズのアイスランドの写真集や、以前飼っていた猫のポータブルアルバムなどをちんまりと並べています。

一方で、時間やスケジュールを意識させるものは、気持ちをせかせかさせてしまうため、あまり目立たせないように心がけています。たとえば時計やカレンダー。ソファから目に入らない場所に置いたり、リビング以外を定位置にしたりしています。

リビングに置かない、目立たせないようにしている物

カレンダー

日々の予定が目に入るとどうしても慌ただしい気分に。朝晩の身支度時に見れば十分なので、洗面所の壁に貼っています。

時計

『MUJI』の小さな目覚まし時計が、わが家唯一の時計です。ソファからは、ぐいっと覗かなければ見えないくらい、棚の奥に置いています。

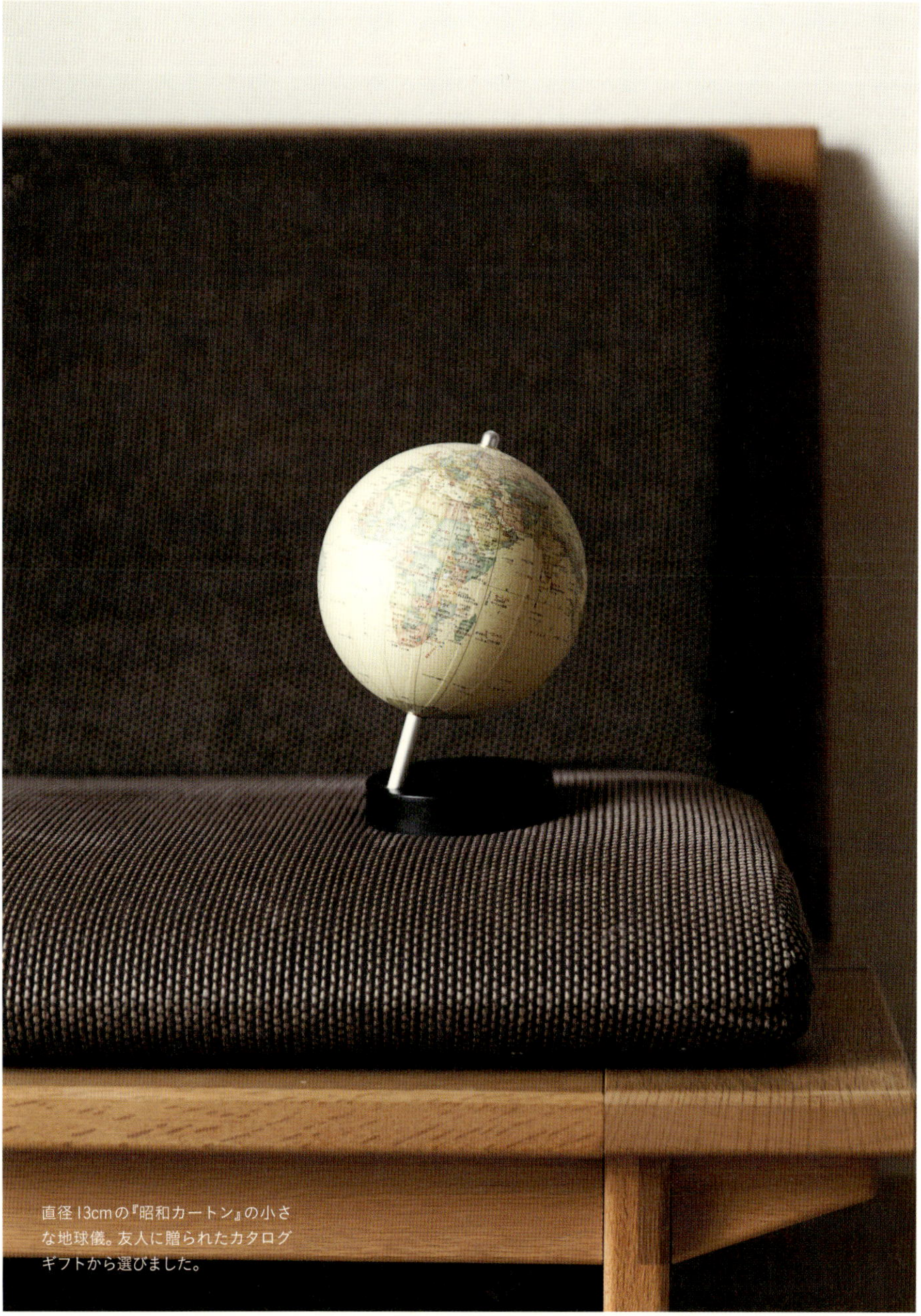
直径13cmの『昭和カートン』の小さな地球儀。友人に贈られたカタログギフトから選びました。

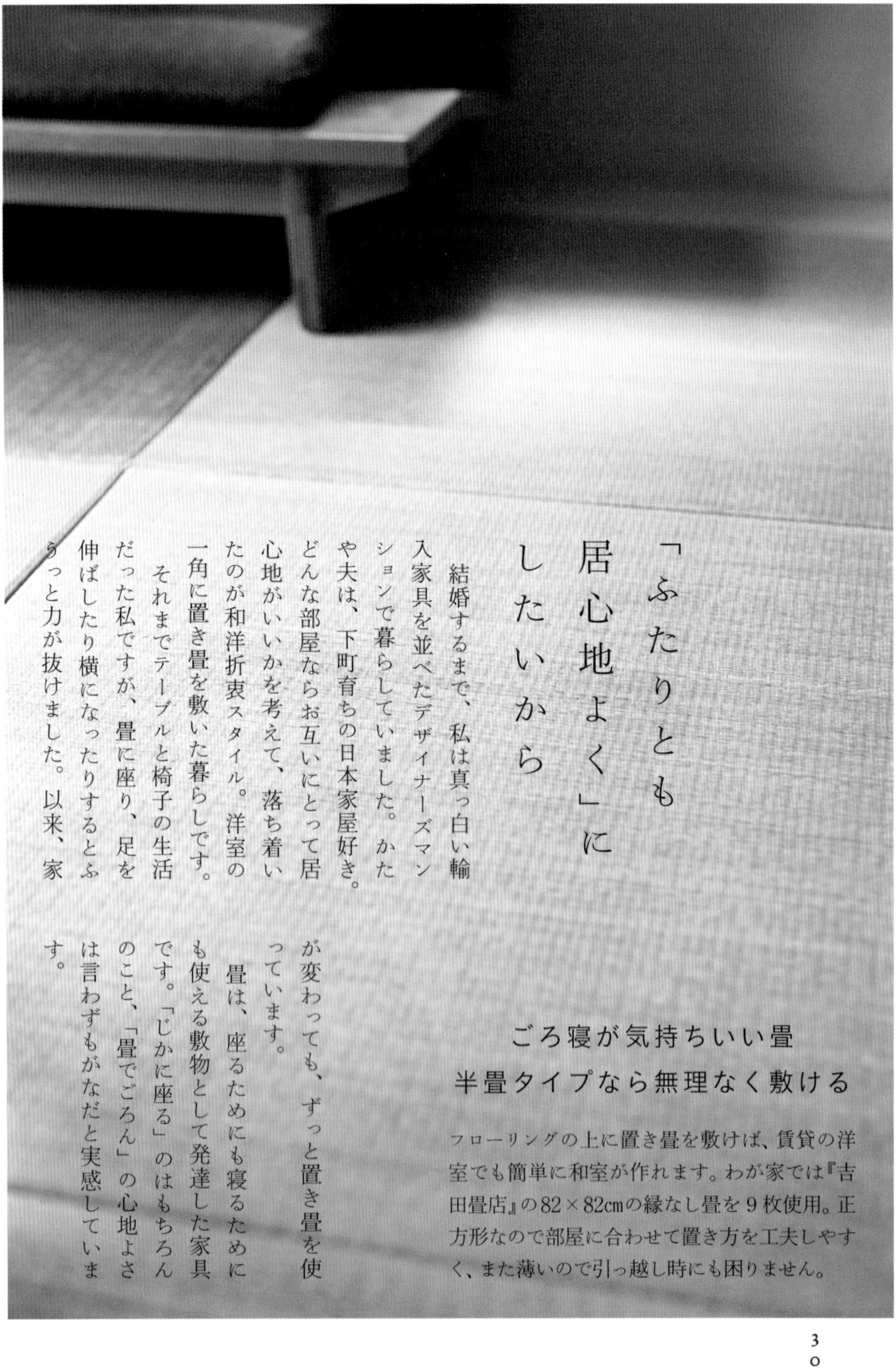

「ふたりとも居心地よく」にしたいから

　結婚するまで、私は真っ白い輸入家具を並べたデザイナーズマンションで暮らしていました。かたや夫は、下町育ちの日本家屋好き。どんな部屋ならお互いにとって居心地がいいかを考えて、落ち着いたのが和洋折衷スタイル。洋室の一角に置き畳を敷いた暮らしです。

　それまでテーブルと椅子の生活だった私ですが、畳に座り、足を伸ばしたり横になったりするとふうっと力が抜けました。以来、家が変わっても、ずっと置き畳を使っています。

　畳は、座るためにも寝るためにも使える敷物として発達した家具です。「じかに座る」のはもちろんのこと、「畳でごろん」の心地よさは言わずもがなだと実感しています。

ごろ寝が気持ちいい畳
半畳タイプなら無理なく敷ける

フローリングの上に置き畳を敷けば、賃貸の洋室でも簡単に和室が作れます。わが家では『吉田畳店』の82×82㎝の縁なし畳を9枚使用。正方形なので部屋に合わせて置き方を工夫しやすく、また薄いので引っ越し時にも困りません。

「おうちCD」をかけると帰ってきたなと心が緩む

帰宅後真っ先にCDをかけます。ここ半年の定番は、フィンランドのジャズ。こうした「おうちCD」を決めておくと、その音を聞くだけで心の底からくつろげます。

テレビと新聞もあっていいと思います

インターネットは便利ですが、自分の知りたい情報しか目に入りません。でもテレビや新聞は受動的。大きなニュースを漏らさず報道してくれるので、今、何が大切なのかわかります。自分の価値観だけに偏らず、世の中を客観的に捉えるために必要なツールだと思います。

コーヒー係は夫におまかせ

お茶は私がいれますが、コーヒーはもっぱら夫の担当。豆の購入、管理などもすべてお願いしています。それぞれ得意分野を担当にすれば、家のしごとも楽しくなります。

ベッドとテーブルはあえて大きく

ベッドはクイーンサイズ、テーブルは直径約1.6m。普通のお宅にあってもかなり存在感のある大きさですが、それでもあえて選びました。

大きなテーブルは、万能性が決め手です。食事からパソコン仕事、ミシンかけまで使えるので、ダイニングテーブル、仕事机、カウンターなどを個々に持つ必要がありません。また、夫と私がここで同時に別のことをしていても、視線が重ならず、お互い気になりません。

そしてベッドは、私たちにとってのびのび眠るのに不可欠なサイズ。部屋が小さいからといって、くつろぎに必要なものは諦めたくないと思うのです。

布団類はシンプルなデザイン清潔感を保ちます

ベッドカバーを半分に折って布団の上に掛ければホテルのようにシックな雰囲気

脚付きだと抜けが生まれ部屋全体に圧迫感を出しません

円形なので
どこに座っても
お互いの目線が
重ならない。
作業に集中できるのも
いいところ

高さ30㎝の
ちゃぶ台スタイル。
椅子いらずなのが◎

『ACTUS』の
F1テーブル。
現在は製造先の
『広松木工』にて
GALAサークル
テーブルとして
扱われています

160㎝

最大10人で
囲んだことも。
作業中必要なものが
たくさんあっても
悠々置けます

寝心地でストレスを溜めない

共働きのわが家では、就寝・起床時間がそろわないことがよくあります。でも時間差の寝起きや寝返りの振動で、夜中に目を覚ましたり眠りが浅くなったりしては満足に休息できません。そこでこの家で許す範囲の大きさの、セパレートベッドを選びました。

使っているのは、2台のセミシングルベッド。並べるとクイーンとほぼ同じですが、1台のサイズは幅80㎝と普通のシングルよりコンパクト。なによりマットレスが別々なので、1台のクイーンにふたりで寝るのと比べて熟睡度がまるで異なります。

また、布団の中のタオルケットも各自で分けています。暑がりの夫は、タオルケットをかけるだけ。一方寒がりの私は、季節によってタオルケットの上にブランケットを重ねるなど、それぞれが温度調節できることで、ストレスを溜めないようにしています。

ただし、いちばん上の掛布団は共有。これはオープンなワンルームのわが家において、できるだけすっきり見せる工夫です。寝心地には影響しないよう、たっぷり大きなサイズを選んでいます。

ベッドタイプ、いろいろあります

わが家はこれ
ベッド×2、掛布団×1

ハリウッドツイン
ベッド×2、掛布団×2

セパレート
ベッド×2、サイドテーブルを挟むなど

布団なら
元々別々

『in The ROOM』のナローシングルを2台。
セミシングル、SSサイズベッドとも呼ばれる
シングルより小さいサイズです
枕と布団カバーは同デザインで見た目すっきり
マットレスも別々。寝返りなどが気になりません
タオルケットもそれぞれに。各自で暑さ寒さの調整ができます
いちばん上の掛布団だけ一緒。四隅を整えるだけでベッドメイク完了

ベッドサイドが「私の部屋」

ここが私の部屋。こっちが夫の部屋です。「え、どこ?」と思われたかもしれませんが、実はそれぞれのベッドサイドの一角を、各人の持ち場=「部屋」としています。

スマホやカギ、読みかけの本などを玄関先やリビングにふたりまとめて置く方法もありますが、たとえ夫婦でも、相手のプライベートなものに触ることはなんとなく憚られます。どんなに小さくても、自分だけの場所を作ったほうがお互い安心できるよね、というのが

リビングの棚の一部、左上が「夫の部屋」です。ベッドから手を伸ばせば届く位置にあるため、寝ながらメールチェックも。カギやペンなども置いていて、出かける際は、ここからまとめてバッグへ。

私たちの考え方。ここは多少散らかっていても……という甘えが持てることも、心のゆとりに繋がっています。

　これまで個室を持ったこともありますが、私の場合は、雑多なものを詰め込んだ倉庫のようになっていましたし、夫は逆に落ち着かないと言って、リビングでパソコン作業をするようになりました。相手が何をしているかわからないよりも、気配を感じていたほうが落ち着く、とは夫の弁。なるほど。私たちにとっては、個室が必須ではなかったようです。

　今、それぞれの「部屋」は扉がなくオープンですが、掃除や位置替えも本人任せ。だって「自分の部屋」なのですから。

アンティークの小机を置いた一角が「私の部屋」。ものを壁に立て掛けることもできるので、意外とたくさん置けています。奥にあるのは籐のフロアランプ。ベッドでの読書灯としても使用。

部屋の間仕切りは照明で

工具なしで付けられるレール。穴を空けないので賃貸でも◎
ベッド側
ソファ側
部屋全体をぼんやりと

ワンルームなので、リビングスペースとベッドスペースが一体ですが、棚やついたてなどを置くとますます狭く感じます。そこで家具ではなく照明を使って間仕切る工夫を考えました。

天井には、大きめのペンダントと、ふたつの小さなスポットライト。ペンダントは夜、部屋全体を明るくしたい時につけ、スポットは各スペースを個室のように区切りたい時に使います。たとえば、ソファで本を読む時にはリビング側のみ、ベッドでまどろむ時は寝室側のみ。リモコンでカチリカチリと切り替えます。

夫と私が離れた場所にいる時は、両方のスポットでそれぞれのスペースを照らします。違う向きにはっきり光が当たるため、まるで別空間にいる感覚。光の効果だけでしっかり間仕切りできています。

天井以外には、スタンドをひとつ置いています。テーブルでの作業、棚の上でコーヒーをいれる時、ベッドでの読書……と、その都度スタンドの首を動かすと集中的に明るくなるので、より手元を照らしたいときなどにスポットに加えて使っています。

部屋の真ん中に家具を置くと動線をふさいでしまいますし、見た目にも圧迫感が否めません。スペースを無駄にせず、空間をゆったり分けるため、小さな部屋では特におすすめの方法です。

電球も キャンドルくらいが くつろぎの目安

40wのエジソンランプ
フィラメントがキャンドルの炎のようで美しい

25wのミニクラプトン球
同じワット数でも球の大きさによって明るさの印象が変わる

40wのハロゲンランプ
狭角のものは、スポットライトに

10wのミニランプ
ごく小さいので間接照明に最適

『IKEA』のキャンドルGLIMMA
ソーサーのくぼみにちょこんと収まるサイズ感が重宝。テーブル上にいくつか並べたりして使います

キャンドルの光を眺めていると、気持ちがふんわりとやわらいでいくことがあります。それは、キャンドルの炎は風にそよぐ木々や星のまたたきと同じ揺れ方をし、灯りの色は夕日に近く、ホッとする暖かさを感じさせるからだといわれています。

　そんな心地よさの理由を知って、電球を選ぶときにも同じような明るさや色味を探すようになりました。単純に比較はできませんが、15ワットくらいの白熱電球がキャンドルひとつの明るさに近いよう。北欧ではキャンドルが日常的に使われますが、それはぬくもりあるあたたかな雰囲気を作りだせるからでしょう。

ふたりの物選びに欠かせない「点数表」

家や家具など大きなものを選ぶ際、わが家では必ず「点数表」を作ります。ふたりで最初にマンションを借りる時に編み出した習慣なので、今となっては点数表の歴史はわが家の歴史、とも言えます。

作り方は簡単。買おうとしているものについて比較したい項目を挙げ、相談しながら点数をつけていくだけ。最終的に、各項目の合計点数が最も高くなったものを選びます。

メリットは、まず項目を決める段階で、お互いの選定基準がはっきりすること。「何を重視して選ぶのか」がそのまま項目になるからです。また数値として結果が出ることで、客観的に納得できるのもいいところ。そしてさらに重要なのは、「一緒に吟味する」という過程です。

この家を借りる時も、点数表を作りました。候補となった三軒の物件に、通勤経路、家賃、築年数、設備などの項目で点数をつけていきました。最初は別の物件が一位だったのですが、なぜそこが一位になったか眺めるうちに、通勤経路がネックになっていると気づきました。そこで通勤経路を再度念入りに調べると、今の家が一位に取って代わったといういきさつ。

こんな風に、失敗したくないもの選びのシーンでは、点数表がとてもいい仕事をしてくれます。

物選び点数表の作り方

1. 横の行に新調したい物の候補、縦の列に項目を書き込める表を作る。候補は3～4件だと比較しやすい。

2. 値段、デザインなど検討したい項目を5～6個出し、点数をつけていく。満点は10点。話し合いながら採点。

3. その中で特に重視したい項目は、**2.**の点数を倍にして、合計点を出す。得点が1位になったものに決定。

chapter 1

くつろぎと眠る時間

小さく上品に季節を飾る

家が狭くても、花や行事の飾りを置いて、季節の移り変わりを楽しみたいと思っています。そのた

クリスマス

洋書とオーナメント

赤や緑を基調としたA5サイズの洋書を立て、その手前にオーナメントを少し。ローズマリーを輪にしたリースを飾ります。全体でA4を横にしたサイズ内に収まるように。

秋

木の実や落ち葉

竹カゴや花瓶にドライになった実ものを挿したり、ザルの上に拾ってきた落ち葉を置くだけでも秋の風情。大振りの枝を横に流すなら、長さは、カゴの高さから割り出します。

めに気をつけているのは、飾る場所をコンパクトにまとめること。わが家では、リビングの棚の上。だいたい30㎝四方におさめるようにしています。

まず、メインの飾りを決めたら「白銀《はくぎん》比《ひ》」を意識しながら、小物を置いていきます。「白銀比」とは美しく見える縦横比のこと。ピラミッドや宮殿にも見られる「黄金比」に対し、寺社建築や水墨画の構図など、日本で好まれている美意識です。紙の寸法にも使われていますから、ノートやコピー用紙の縦横比を目安にすると上手に飾れます。

初夏
紫陽花
大きな花は、茎を大胆に短くして、深鉢に埋めるようにします。正方形を半分にした正三角形を意識すると美しい。色数を1～2色に抑えれば、部屋にも馴染みやすいです。

雛祭り
雛道具と干菓子
雛人形がなくても、ぼんぼりや箪笥など雛道具だけでも。朱塗りの盃や赤絵のお猪口に干菓子を入れて飾ります。正方形に近い形にまとめると、かわいらしくなります。

正月
松飾り
ワインやジュースの小ビンに半紙を巻き、若松や荒松を立てます。白い水引きを結べば凛とした空気が漂います。お正月は特に、置く場所をきれいに掃除して、清らかに。

すっきりのんびりのためのもうひと工夫

家具の置き方や
生活感の隠し方を工夫すれば
ものを減らさなくても
すっきり、広々なリビングに。
足元のものを整えるのは
手軽でも効果の大きい方法です。

目立つパッケージは自分好みに

日用品は、パッケージを外せばシンプルですがちょっと無機質。好みの紙や布で覆うだけでインテリアのひとつに変わります。わが家ではウエットティッシュに『minä perhonen』の端切れを巻いています。

ものの配置は「面一《つらいち》」を意識

段差がなくラインが揃った状態のことを建築用語で「面一」と言います。家具や家電を並べて置いた時、横からみたラインに凹凸があると、すっきり見えないので、薄いものでも、奥行きのあるものに揃えて手前に置きます。

家具は圧迫感のないデザインを

座面が低いソファなら、視線が下がって広く感じられるので、狭い部屋にもおすすめです。また、曲線よりも直線的なデザインで、肘置きもない方が圧迫感がありません。『久和屋』のベンチソファは、畳にも馴染むシンプルさ。カバーを新調しながら長年使っています。

こまごましたものは ひとまとめに

リモコンや筆記具などリビング内で必要な小物は『jokogumo』の手付きのカゴに、いま必要な書類や、よく出し入れする荷札などは、クリアファイルにまとめています。目に付くところに置いているので、取り出しやすく、雑多になりません。

配線は極力隠す

コードやアダプターを隠すと、掃除もしやすく、すっきり。家具のうしろや壁際を這わせて目立たないようにしています。『IKEA』の6個口電源タップ、KOPPLAシリーズは、幅が狭く細い隙間にも隠しやすいので便利。はじめから配線を隠すデザインのテレビボードやデスクや、配線ボックスなどを使うのも手です。

小さい暮らしの始まりは……

直径5㎝、深さ3㎝ほどの塗りの小鉢。いえ、お猪口というくらいのサイズでしょうか。結婚式の前日、式場のホテルを散策している途中に母が見つけて買ってくれたものです。

「こういうのが使いやすいのよ」。

母によれば、たとえば、かまぼこを小さく切って、いくらを数粒のせれば、おもてなしの一品になるし、普段の食卓にらっきょうふたつだけもいい。干菓子を入れてお茶請けにしたり、季節の飾りにも使いやすい。つまり、小さな器があると簡単に素敵な食卓が演出できる、というのが「使いやすい」の示す意味のようでした。

それまでのひとり暮らしでは、ワンプレートに盛ることが多かった私。ああ、こういうのが夫婦の食卓なのか、と、ふたり暮らしのはじまりの日に買ってもらったこの器が、それからの私たちにとって大きさの基準になりました。

もともと小さなものは好きでした。幼い頃のままごと遊びはもちろん、ミニチュアのおもちゃを集めたり、手づくり人形の趣味をもつ母のために、人形用の小物を探すのも私の担当。また、父が若い頃に雑誌社で働いていたため、関わっていた暮らしの雑誌が身近にあったことも影響しているかもしれません。誌面では、四畳半でいかに素敵に暮らすかの工夫や考え方が特集されていて、それを眺めては、そんな、

小さくても豊かな暮らしに憧れていたように思います。

「小さい」を改めて意識するようになったのは、10年前に日本茶のカフェを始めた頃でした。借りたスペースが狭かったこともありますが、その中でしつらえを考えていくうち、「私がつくりたいと思う場所には、小さな家具と小さな器がしっくりとくる」とわかりました。

はじめは見かけのかわいらしさだけで選んでいたかもしれません。でも使っていくうちその良さに惹かれ、やがてお店だけでなく、自分の家にも小さなものを意識して取り入れるようになっていったのです。

思い起こせば、大学生で初めてひとり暮らしをした家でも、ミニサイズのキッチンスツールを使っていました。当時は単に「ひとりなんだし、小さくてもいいのでは」と選んだくらいのものでしたが、フタを開ければ今でも使い続けているものがあるほど。気持ちと体にフィットした、使いやすい道具なのだと思います。

家の大きさも同じこと。結婚して最初に住んだ家がコンパクトで（といっても今よりは広いのですが）、それが私たちには暮らしやすかったからそれ以上の広さを求めなかったのだと思います。

いつの間にか、身のまわりは小さなものばかり。この心地よさに慣れてしまったら、もう大きなものはいらなくなりました。

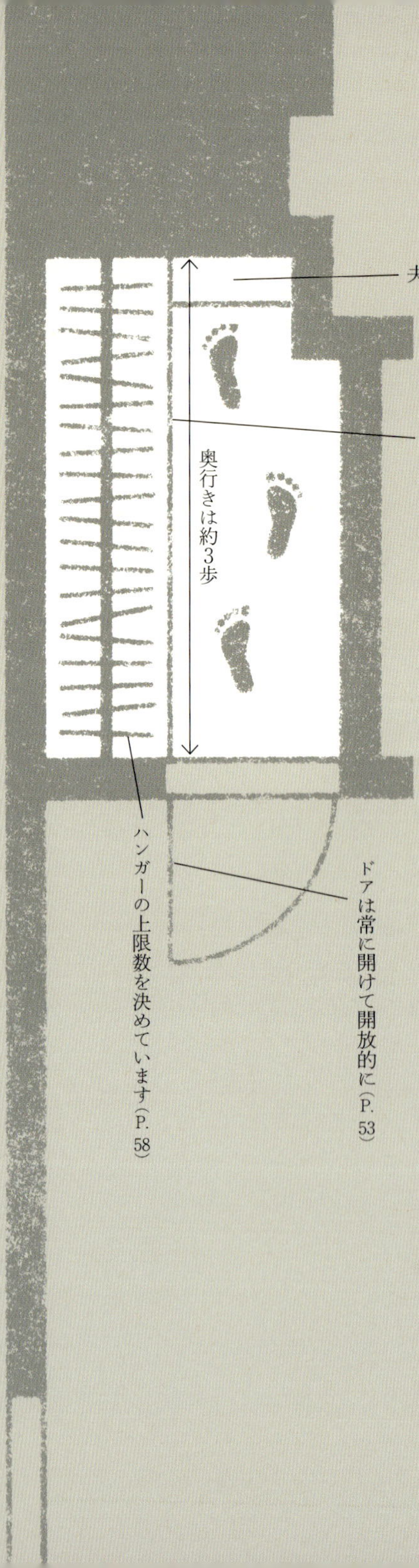
夫婦共有の本棚もここ（P.68）
ボックス類は10個以上あり（P.54）
着物や趣味のものも使いやすく（P.56）
奥行きは約3歩
ハンガーの上限数を決めています（P.58）
ドアは常に開けて開放的に（P.53）

わが家のクローゼット

chapter

2

収納

わが家で収納らしい
収納といえば、
1.5畳のクローゼット。
コンパクトなスペースですが、
夫婦ふたりの服も本も
思い出のものも、
気持ちよく収められています。

小さくても集中収納をおすすめします

わが家のウォークインクローゼットは1.5畳。奥行きは三歩ほどで、両手を広げれば隅から隅まで手が届くくらいのスペースです。都心なら平均的なひとり暮らし用の広さなのかもしれません。

ここに、生活用品ほとんどすべてを収めています。衣類はもちろん、アクセサリーやメイク道具、本、文具、工具類、ノートパソコンやミシン、防災グッズまで。使わないとき壁に立てかけておく脚立や掃除機まで含めれば、水まわりの道具以外は全部入れているとも言えそうです。「分散してしまう方がいいのでは?」と思われるかもしれませんが、小さな家では各部屋に収納家具を置くのも思いのほかうるさい印象に。しまう場所をひとつに集約することで、くつろぎたい場所が雑多にならず、すっきり整って見えるのです。ものの数は意外と多いわが家ですが、初めていらした方によく「ものが少ない!」と言われる理由は、この集中収納に入りきっているからだと思います。

また、置き場が一ヶ所だと「あれはどこにあったかな?」と探すことがないのもメリットです。おのずとどこに何を置いたか、いくつあったかも把握できるようになり、気付いたらペンがあっちにもこっちにも……ということがなくなりました。実際、今では私も夫も、家にあるすべての文具を数まですぐ答えられるくらいです。

通年使うもの、オンシーズンのアイテムはみんなそろってここに集合。小さくてもいいので収納専用の空間をひとつ設けてできるだけしまいきることが、すっきり暮らしのコツだと感じています。

リビング側からクローゼットを見て。部屋がすこしでも開放的に感じられるようにドアは常に開けています。こうするとクローゼットの中がいつも見えるので、気付いたらすぐ片付けたくなるのもいいところ。

1.5畳でも箱・ハンガーこんなに入ります

決して広いとは言えないクローゼットに、引っ越し前はすこし不安もありました。しかしいざ住み始めると、想像以上に収納できることにひと安心。逆にこれ以上入ってしまうと、結局あまり着ない服、どこにいったか覚えきれない小物なども出てきそう。夫婦ふたりの収納量は、これで十分だったのでは、と感じています。

　ポールにはトップス用ハンガー35本、ボトムス用ハンガー8本。ポールの下には『MUJI』の衣装ケース7個とペーパーボックス2個。棚には押入れサイズの衣装ケースとCDサイズの引き出しを各1個、そして大きいフタ付きボックス2個とこまごましたものをまとめるカゴを2個置いています。

　衣装ケースにはシャツやニット、バッグやストール、コスメ類もしまっています。出し入れしやすいよう7割程度までしか入れないようにしていますが、それでもトップスなら余裕で10着は入りますから、季節を問わず困ったことはありません。

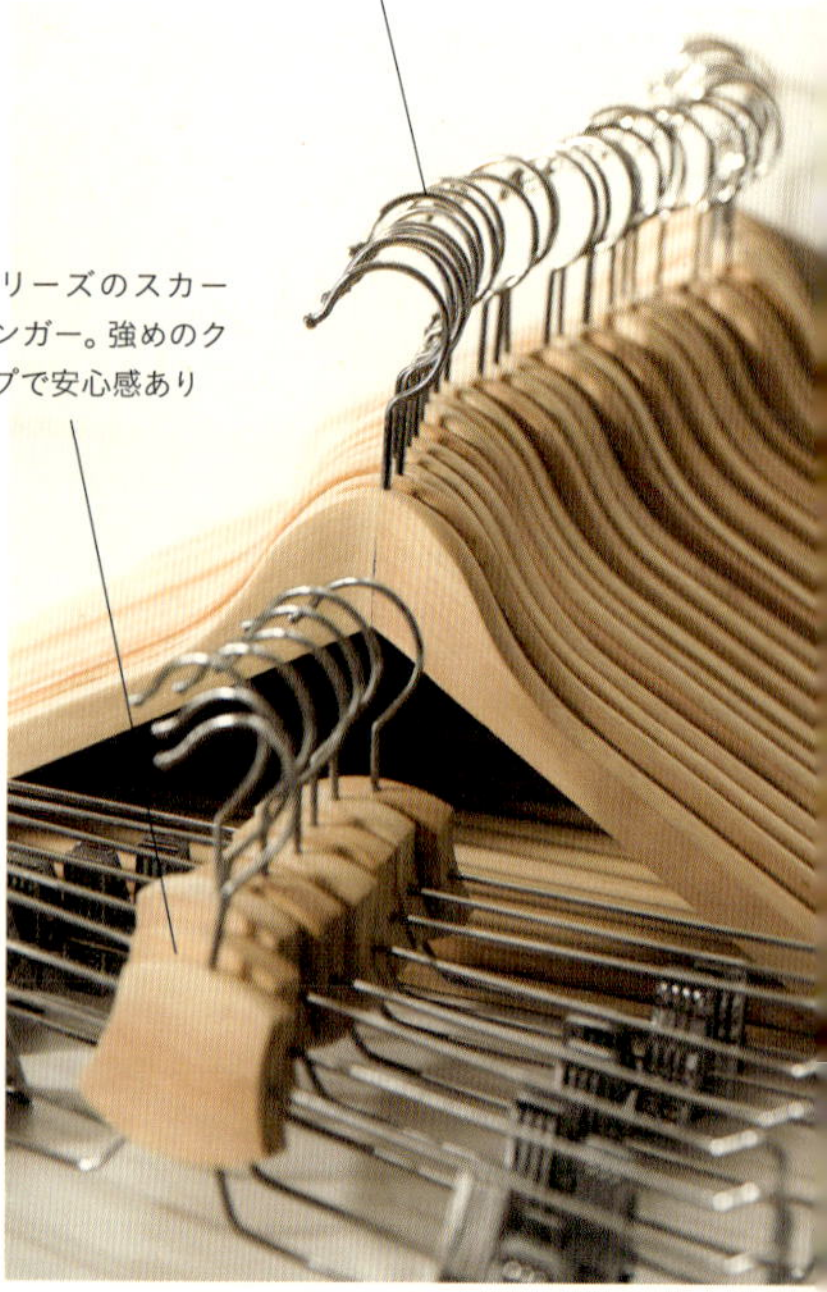

ハンガーは『IKEA』のBUMERANGで統一。薄い服もずり落ちません

同シリーズのスカートハンガー。強めのクリップで安心感あり

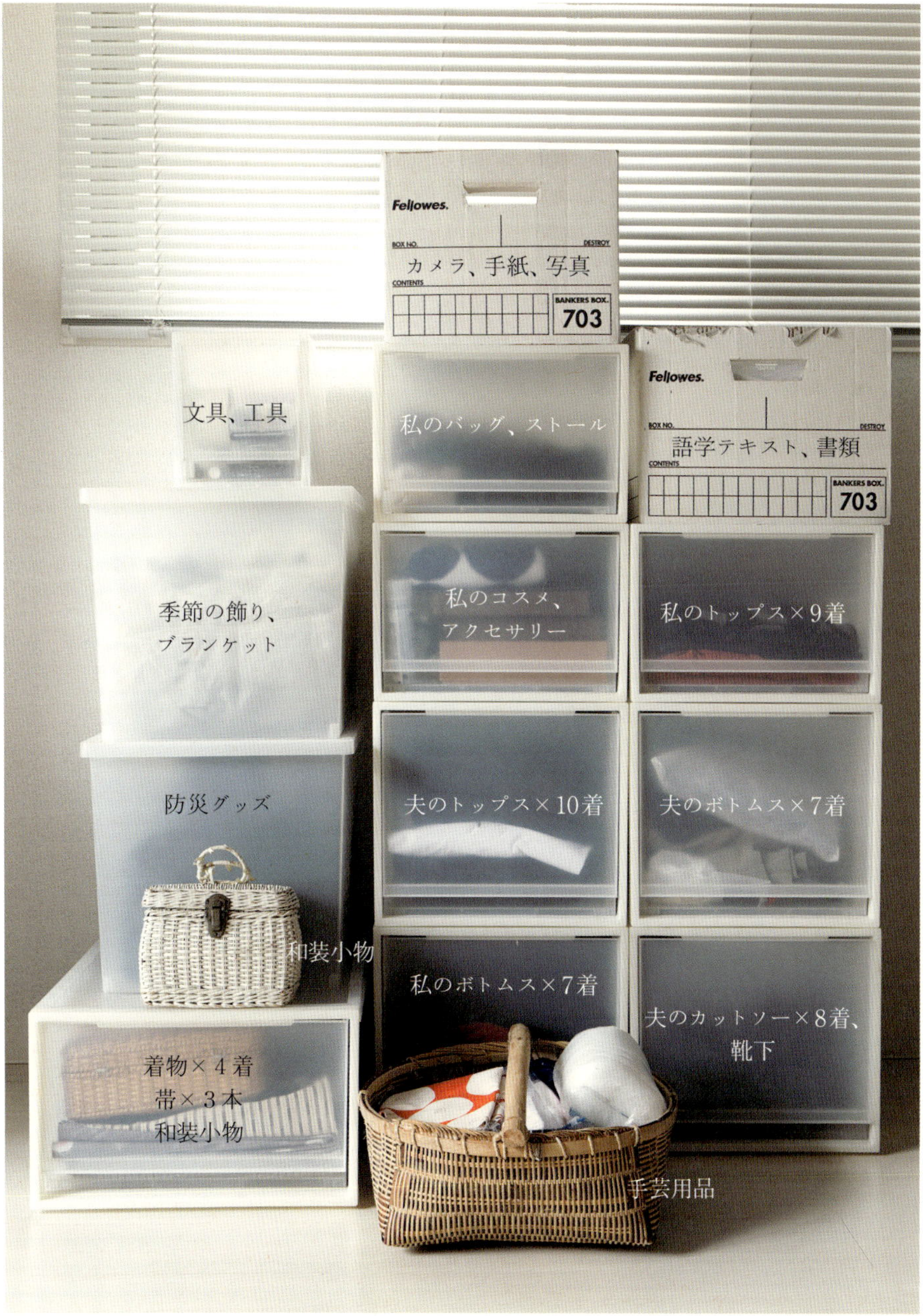
Fellowes.
BOX NO.
DESTROY
カメラ、手紙、写真
CONTENTS
BANKERS BOX.
703
文具、工具
私のバッグ、ストール
Fellowes.
BOX NO.
DESTROY
語学テキスト、書類
CONTENTS
BANKERS BOX.
703
季節の飾り、
ブランケット
私のコスメ、
アクセサリー
私のトップス×9着
防災グッズ
夫のトップス×10着
夫のボトムス×7着
和装小物
私のボトムス×7着
夫のカットソー×8着、
靴下
着物×4着
帯×3本
和装小物
手芸用品

自分らしさが表れる
必需品からしまうと吉

ある程度の年齢になると、どうしても捨てられないものやこれからも使い続けていきたいものが決まってきます。たとえば好きなアーティストのCDだったり、自分へのご褒美として買ったジュエリーだったり。だからものをしまう時、あるいは収納を見直そうという時は、自分の人生にとっての必需品から定位置を決めるようにしています。そうすれば、大事なものが入りきらないという事態がなく、置き場所も満足いくところに

❶本
本は夫婦共通の趣味。読みたいものは買い、棚をはみ出したら見直します。文庫・単行本だけでも約170冊を収納。普通は小物を置く棚を、わが家では本棚として使用。

❷和装小物
カジュアルな着物が好きです。普段から着ることが多いので、洋服と同じように衣装ケースに入れてクローゼットに。和装小物はバスケットに入れています。

据えられます。

私にとっては愛用のミシンや趣味の着物。夫ならカメラ、ふたりにとっては本が必需品にあたります。もしこれらを手放してしまったら、今まで積み重ねてきた自分らしさはどこに？　ものが減ってすっきりしても虚しい気持ちが勝るような気がします。それよりも、ちゃんと持つ方法、使いやすくしまう方法を考えるほうが、ずっと楽しいと思うのです。

❸ミシン
スカートやテーブルセンターくらいならすぐに作れます。幅27㎝のコンパクトなミシンは、大学時代から愛用している長年の相棒。壁沿いの空間に収納しています。

❹手紙
年賀状や手紙類は3年分保存。洋服ポール下に置いたペーパーボックスに入れています。フタを外して置き、奥にあっても出し入れしやすく。

素適な服に出会ったら

服を買うのはどんな時でしょう。必要に迫られて……はもちろんですが、私は単純に「欲しい！」と思ったら。せっかく素敵な服に出会ったのです。収納スペースが少ないからと諦めるのはもったいない。本当に欲しかったら、我慢せず買うことにしています。

ただ収納場所は考えて、服の総数は増やさないよう決めています。掛ける服は、ハンガーの数＝35着が夫婦合わせた上限数。ボックスに入れる服は、容量の7割を超えない程度が上限。ハンガーに空きはあったかどうか、空いていないならそろそろ手放そうと思っていたあの服と入れ替えようかなど、買い物先ではぐるりと頭を巡らせます。

このルールを持つことで、空きがあれば迷わず新しい服を迎えられますし、なければ見直しのきっかけに。自分の着たい服だけが並んだ鮮度の高いクローゼットは、毎日のおしゃれを楽しくしてくれます。またハンガーやボックスの上限は、その数以内なら目いっぱい入れても多少余裕が残るように決めました。出し入れの際に服が擦れ合うことがなく、一枚ずつの寿命が延びたのも嬉しいです。

ちなみに私が最近買ったのはシャンブレーのシャツ。街中で素敵に着こなしている女性を見かけた時、クローゼットには空きハンガーがあったので即決心できました。秋がきて、新しいシャツで出かけるのが楽しみです。

ハンガーの数＝クローゼットに掛ける服の上限

役目を終えたら気持ちよくさよなら

クローゼットの上限は、35本のハンガーとボックス内の7割まで。これを超えそうになったら手放す服を考えるのが習慣です。

私なりの手放す基準は「役目を全うしたかどうか」。たとえば、あるイベントに合わせて買った服なら、数回しか着ていなくても役目を終えていると思います。長年お気に入りの一着も、色褪せするほど着用したならそろそろ手放してもいいでしょう。またイマイチ着こなせなかった服は、それを教えてくれるという役割を果たして

クローゼットにまだ余裕があっても、季節の変わり目には、定期的に服の見直しをしています。トップスごと、ボトムスごとに分け一つひとつ検討していきます。

くれたはずです。
子供の頃、好きだった靴やおもちゃなどを手放す時は、ものに対して「さよなら」の手紙を書いていました。今も、手放すときは「ありがとう」の感謝。不必要な執着の代わりに、そんな気持ちを添えています。

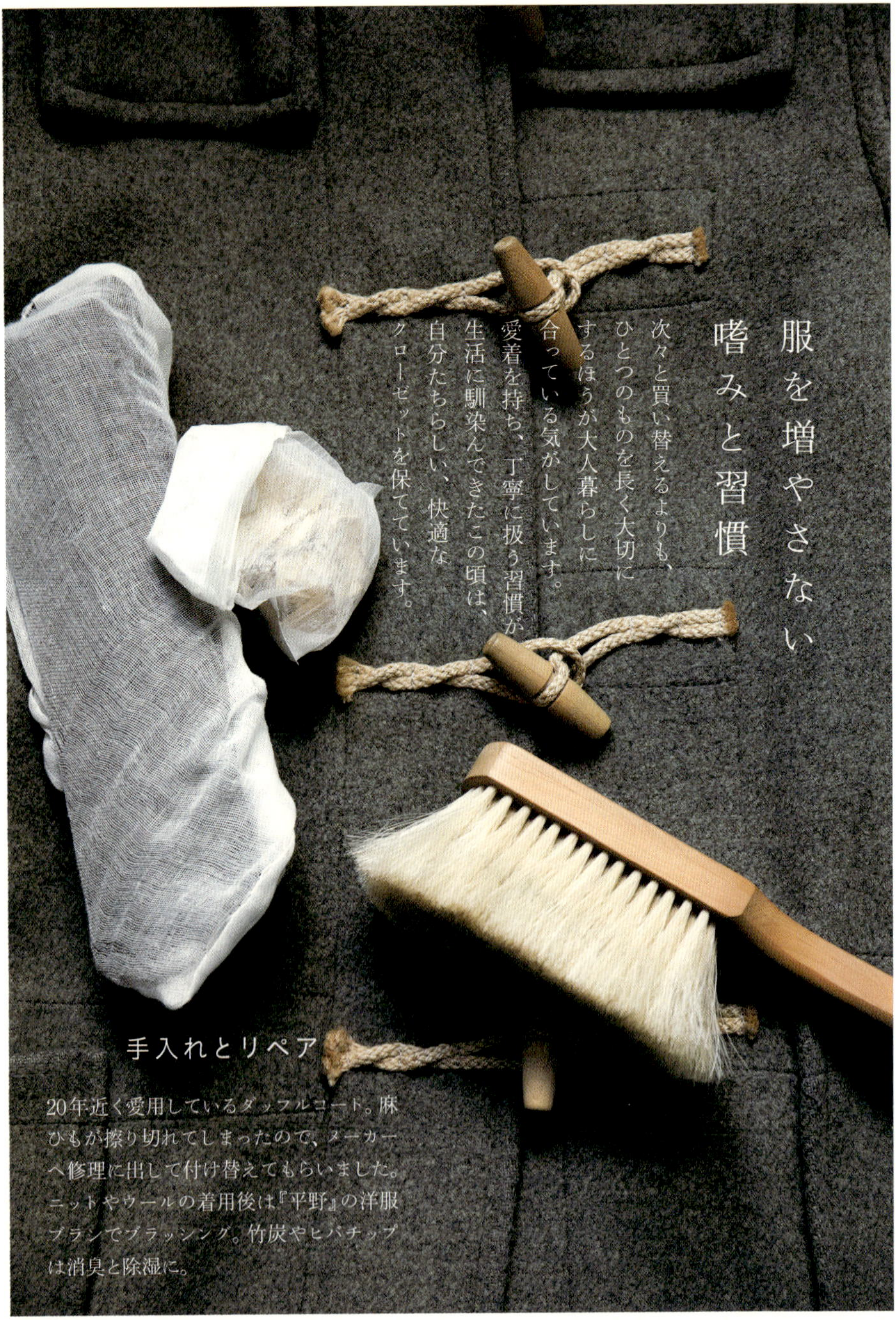

服を増やさない
嗜みと習慣

次々と買い替えるよりも、ひとつのものを長く大切にするほうが大人暮らしに合っている気がしています。愛着を持ち、丁寧に扱う習慣が生活に馴染んできたこの頃は、自分たちらしい、快適なクローゼットを保てています。

手入れとリペア

20年近く愛用しているダッフルコート。麻ひもが擦り切れてしまったので、メーカーへ修理に出して付け替えてもらいました。ニットやウールの着用後は『平野』の洋服ブラシでブラッシング。竹炭やヒバチップは消臭と除湿に。

手づくりで愛着を

直線縫いだけで作れるスカートは私の定番。洋裁の趣味も兼ね、長さや色、素材を変えて自作します。シンプルなトップスに合わせればファッションに変化が。なにより手製は愛着が湧き、着ていることが楽しくなります。

直線縫いスカートの作り方

(巾90×150cm程の布で1着分)

1. 長さを半分に断つ

2. 中表にして、両脇を縫う ウエストを幅3cmの三ツ折りにしてゴム口を残して縫う

3. 幅2.5cmのゴムを自分のウエストサイズ－10cmに切って、ウエスト部分に通し、両端を縫い合わせる

4. 裾を三つ折りしてまつる

着物に親しめば、よそゆき要らず

10年ほど前から趣味で着物を嗜むようになりました。イベントのたびに新調したくなる洋服と違い、着物は幅広いシーンに使えるし、体型の変化にもそこまで左右されません。木綿や紬なら、帯や小物を変えることで遊び心も広がります。

家族でも陣地を決めたら干渉しない

ハンガーポールは右半分が夫、左半分が私。衣装ケースもそれぞれ持ち箱を決めて、互いの陣地はじゃましません。

なぜ陣地分けをするかというと、自分のものは自分で整理するほうが確実に数も場所も把握でき、収納の使い勝手が良くなるから。どちらかが相手の分までやってしまうと、服も空間も使いこなせず、気付けば着ていない服があちこちに……という事態になりかねませ

ん。あくまで管理人は本人。足りないものや着なくなった服は、各自のタイミングで入れ替えるよう決めています。

　また、洗濯からたたみまでは私がしますが、シャツや下着などの区別はせずに積み上げるので、Tシャツの上にソックス、その上にシャツ、パンツ、またソックス……ということも。しかしその後しまうのは自分ですから、「あの靴下、どこにある?」など聞かれることもありません。

　満杯になったハンガーを前に、手放す服をどれにするかなどお互い相談することはしばしば。でも最終決定は本人。なにせ「管理人」ですもの。

出窓のブラインドを開けると、ぬいぐるみや小さなおもちゃが顔を出します。リビングにぬいぐるみなんて意外? 大人なのに変かな? でも私にとっては宝物。大切な人から貰ったものや夫と買った記念など思い出が詰まったものなのです。

大事なものでもミシンや着物など日常的に「使うもの」は、基本的にクローゼットにしまっています。一方、おもちゃやぬいぐるみは「眺めて楽しむもの」。だからクローゼットの中にしまい込んでしまっては、ちょっと不憫だと思うのです。もちろん目につく場所に飾ってもいいのですが、どうしても部屋が雑多になるのとすこし気恥ずかしいところもあって、こんな風にそっと仕込んでいます。

もし大事なものが多いようなら、代表者をひとつだけ残してはどう

自分にしかわからない大切なもの

バックスキンのウエディングシューズは、白い靴箱に入れて下駄箱に保管。箱の中には、式の時に会場のホテルでもらったネームカードも一緒に入れてあります。

ホコリが溜まりがちな出窓ですが、このグッズがあるおかげで掃除もこまめにするように。朝、ブラインドを上げて日差しを入れるたび、ぬいぐるみを眺めて和みます。

でしょう。私は結婚式の思い出からひとつ、ドレスに合わせて誂えたウエディングシューズを下駄箱の中に入れています。クローゼットの奥にしまっていた時期もあったのですが、手に取りやすい場所に移動したおかげで普段から自然と目に触れるように。真っ白い箱に入ったこの靴を眺めると、あの日の空気までよみがえってきて、どこか凛とした気持ちが戻ります。

夫は大学時代の思い出として一冊の卒論を残しているようです。どうやらがんばった証のようで、こちらも微笑ましい宝物です。

共用クローゼットだから よかったこと

クローゼットはふたりの共有スペースでもあります。普段、一緒に過ごす時間が少なくても、ここではお互いの日常を自然と感じることができます。

たとえば本。実は私たちは、好きな小説家が同じだった、ということが結婚のきっかけになりました。それだけにどちらも本好きですし、新刊もどんどん買うほうです。毎日身支度のたびに入るこの空間に共有の本棚があることで、「この本買ったんだね」「面白かった？」と会話も広がります。

それから防災グッズ。以前、地方に住んでいた時に被災した経験から、自分たちにとって最低限必要だと感じたものをボックスにまとめています。私でも脚立なしで取り出せるよう、棚の手前が置き場所。ここならいつでも目に入り、お互い頭のどこかに備えの意識が根付くので、中身の見直しも定期的にできています。

洋服もそうです。夫の陣地を見て「あ、もう半袖シャツが並んでる！」と思ったら、私もいそいで衣替えの準備。もし、それぞれが収納部屋を分けていたら、あえて見せ合ったり確認することはないでしょうから、こんな発見もコミュニケーションも生まれなかったと思います。実際、本棚が別々だった頃は同じ本を買っていて苦笑いした経験も。

家のこと、仕事のこと、自分のこと……。共有クローゼットは、ふたりの話題を広げてくれる空間になっていると思います。

防災用品

備蓄より、被災した直後に必要なもの、という観点で備えています。軍手やラジオなど実際役立ったものを中心に。

共通の趣味・本

クローゼットの奥が共有の本棚。満杯になったら、その都度二人で見直し、古本屋に持っていきます。

良い習慣は　お互い取り入れる

クローゼットを共有するうち、相手がどのようにしてものを大切にしているかを知っていくようになりました。日常的に目にする習慣なので、今でもちょくちょく見習っています。

夫→私

メンテナンスを億劫がらない

ケアを怠らない夫の靴は、酷使している割にとても長持ち。外出前後の靴磨きと週末の防水とクリームを欠かさないそうです。そこまで念入りにとはいきませんが、私も帰宅後に、ウエスで磨く習慣が身についてきました。

私→夫

量より質に目を向ける

それなりに質のいいものは、やはり長く楽しめます。ファストファッションをシーズンごとに買い替えていた夫ですが、すこし上質なものを買うようにしたら、数が必要ではなくなったそう。このニットのジャケットは今秋で4年目に突入。

生活用品のほとんどはクローゼットにしまっていますが、いくつかだけ例外も。そのひとつが下着。収納場所は玄関です。

玄関に下着？　と驚かれるかもしれませんが、わが家は浴室の向かい側が玄関です。浴室からたった数歩で下駄箱に届く距離なので、下着をはじめパジャマや部屋着も、クローゼットよりここにあるほうがすばやく身支度できるのです。

下着用の棚を洗面所に置く方法も考えましたが、するとただでさえ狭い脱衣スペースがより狭く。それより、もともと収納量に余裕のあった下駄箱を有効活用してみよう、そんな発想が活きました。

例外はまだあります。たとえば

夫婦そろってクローゼットに置かないもの

アイロンはキッチンのシンク下、傘は洗濯機の横。それぞれ電源や乾燥に便利な位置に収納しているだけですが、使う場所＝収納場所の考え方はちょっと「してやったり」な気分です。

夫のボックスをちらり。パジャマや下着が入っていました。私は朝の着替えも浴室横の洗面所で行うことが多いので、下着や部屋着だけでなく、カットソーもここに入れています。

『MUJI』の布貼り収納ボックスを下着入れとして使用。私と夫、それぞれ2個ずつが持ち箱。下駄箱やそれぞれのボックスにもヒバチップや竹炭を入れ、防臭・防湿を心がけています。

トランクルームという選択肢

今暮らしているマンションには、一世帯ひとつのトランクルームが用意されています。広さは約1.5畳。居室内のクローゼットとほぼ同じですが、冠婚葬祭やオフシーズンの服、季節家電などを保管する場所として活用しています。

広い家に住むハードルが高い都心では、収納場所のひとつとしてトランクルームを借りるのも選択肢のひとつだと思っています。全国的にも、小規模なレンタル収納スペースや、わが家のようなトランクルーム付き物件が増えてきているように聞きますから、家賃とは別にかかったとしても、結果的には経済的におさまる場合も多いでしょう。

また、クリーニング店の保管サービスでは、布団やコートなど季節外のものを次のシーズンまで預かってくれますし、段ボール一箱から保管してくれる宅配収納サービスも。こちらは、本や思い出の品といった、小物類の管理に便利です。

また、今すぐには使わないけれど、将来使う予定の家具や道具など長期的に持っていたいものを預けるにもトランクルームは重宝します。わが家は頻繁に出し入れしているほうですが、家族構成や仕事の都合で持ち物が変化する方は、便利な手段かもしれません。

こうして収納場所を外に求めると、暮らす家そのものの広さはそんなに必要ない、という結論も得られます。トランクルームを利用することで住まいの選択肢が増え、予算内で希望の街に暮らせる可能性も広がりそうです。

おすすめトランクルームリスト

加瀬のレンタルボックス

https://www.kase3535.com/

ビルの１室などのスペースも活用しているため店舗数が多く、自宅や職場の近くで探しやすい。選べるサイズが多岐に渡るので用途に応じて選択できる。24時間利用可能だが、基本的には無人管理。通路が狭い物件もあるので、搬入時には作業経路の確保を。

Data
都内店舗数　400店
料金例：立川錦町店 0.5畳、5,400円／月、
四谷4丁目店 0.5畳、7,560円／月

Quraz（キュラーズ）

https://www.quraz.com/

全国展開するトランクルームチェーンの最大手。スタッフ常駐で24時間利用可能、一部のトランクルームでは必要な敷金や礼金など初期費用がないところが魅力。その分月々の使用料が比較的高い場合もあるので、使用期間など含めて検討したい。

Data
都内店舗数　33店
料金例：立川店0.5畳 10,700円／月、
東新宿店 0.5畳 13,500円／月

minikura（ミニクラ）

https://minikura.com/

本や洋服などの小物類をボックス単位で管理。段ボールひとつに収まる20キロ以内のものなら、月額200円と手軽。他にもアイテムごとの管理や、預けたものをSNSやヤフオクなどを使ってそのまま販売できるなど、活用方法が広い。小規模な保管には最適。

Data
専用保管施設内
料金例：minikuraHAKO 1箱、200円／月
＋専用ボックス代金（送料込）200円

ヒロイエ

http://www.hiroie.jp/

専任スタッフが荷物の搬送をしてくれるので、車がない場合でも利用しやすく、家具などの長期保管に最適。出し入れするものをアプリから選び、必要なものをその都度宅配してもらうことも可能。ただし配送料がかかるので頻繁な出し入れにはやや不向き。

Data
都内専用保管施設内
料金例：0.5畳、5,980円／月
＋梱包配送料（例・テーブル2,000円～）

わが家のキッチン

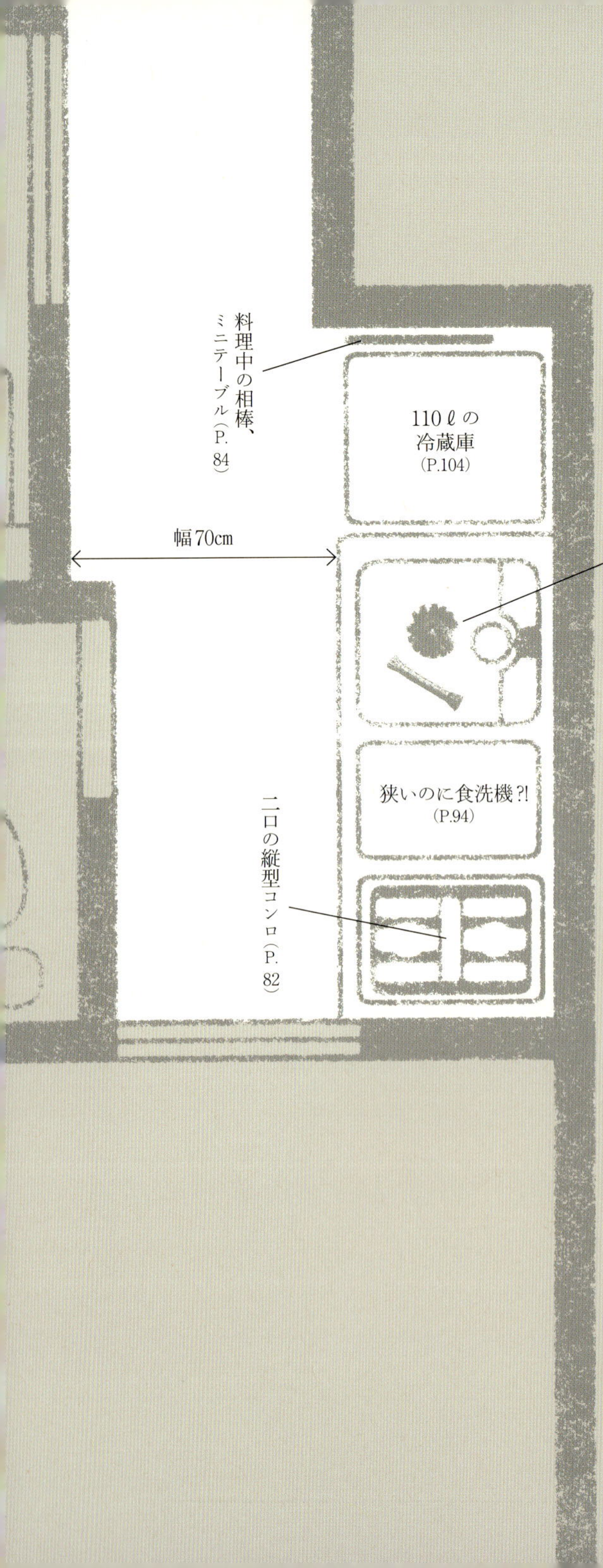
料理中の相棒、ミニテーブル（P.84）
110ℓの冷蔵庫（P.104）
幅70cm
シンク置くのはたわしだけ（P.112）
狭いのに食洗機?!（P.94）
二口の縦型コンロ（P.82）

chapter

3

料理と食事

共働きのわが家では
ふたりそろって食卓を囲める日が
それほど多くありません。
だからこそ一緒のときはゆっくりと。
無駄なし、頑張りすぎもなしの
食の工夫を紹介します。

日々の食事をともにするのは小さな幸せ

普段の食事を家でゆっくり一緒に食べる。当たり前のようでいて、とても贅沢な時間だと感じています。わが家ではお互い帰宅が終電近くなることもしばしば。だからふたりがそろう日は、くつろいで食事をしたい、そう思っています。

今より広い家に住んでいた頃は、食器もたくさんありました。でも実際使うのはだいたい同じ。鍋やおたまも、使いやすいのはもういくつかに決まっているので、引き出しの奥にはご無沙汰の道具が雑多に詰めこまれたままでした。そんなキッチンにはどこか後ろめたさがあり、外食を選ぶこともよくありました。

しかし小さな家には余計なものが置けません。食器も道具も必要十分。食材もその日食べる分だけ買っています。作りおき生活を試したこともありますが、「今週は○日分作らなきゃ」「冷凍してあるから使わなきゃ」……と、私には逆に負担でした。食べたい時に食べたいものを作るほうが、性に合っていたのかもしれません。

とても簡単なものでいいのです。ふたりで作って、リラックスしてテーブルを囲む。照明も音楽も自分たち好みに。お互いが心からくつろげる食事の役割って、そういうことだな、と思います。

夕食作りは30分もあれば十分。作ることに躍起になるより、その後の時間も含めてリラックスすることを優先します。ときには電気を消して、キャンドルだけで過ごすことも。

小さいキッチンこそ使いやすい

わが家のキッチンは、玄関とリビングをつなぐ廊下にあります。幅は約70㎝。料理している私のうしろを夫が通ると「カニ歩き」の体勢になりますが、実際暮らして慣れてしまうと、これくらいがいちばん使い勝手がいい、と痛感します。

というのも、ここには必要なものがすべて収まり、そのうえどれもにサッと手が届く距離だから。

たとえば下ごしらえでシンクに立てば、そこから動かず冷蔵庫の野菜を取り出せます。食器の入った吊り戸棚にも、鍋の入ったコンロ下にも、調味料にも乾物にも同じこと。無駄な動きをせず効率が良いし、準備や片付けにも時間がかかりません。

わが家は、毎日毎食作っているようなフル稼働のキッチンではありません。でも広かった頃よりも料理が身近に感じられ、作るのが楽しくなりました。

私だけではありません。夫も積極的に台所に参加するようになりました。鍋や器の数を絞ったおかげで、使う道具に悩まなくなったからだそう。どれを使えばいいか迷うことが、夫にはストレスだったのです。「カニ歩き」ですれ違いつつ、「美味しそう」と言い合いながら作る料理は、どんなに手の込んだ料理にも敵わない美味しさがあるように感じます。

chapter 3

料理と食事

コンロは二口。スリムな縦型が使いやすい

料理って力仕事だな、とふと思ったりします。そんな負担をちょっと軽くしてくれているのが、縦型の二口コンロです。

幅31㎝。横型や三口タイプに比べてコンパクトなのはもちろんのこと、汁物の入った鍋や、まだ熱いフライパンをちょっとよけておく時に、動かす作業が想像以上にラクちんです。たいした距離でないとはいえ、腕に力を込めながら体の重心を左右に動かすことの負担は、なくなってみて初めてわかりました。

また縦型なら、鍋の持ち手やおたまを置く位置がコンロ脇に並びます。両口に火をつけている最中も、手はその縦方向にスライドするだけ。火の上をまたいで熱い思いをすることがなくなりました。

ただ、賃貸だとコンロの種類まではなかなか新たに選べません。三口以上ある家でしたら、上下のふたつだけを使ってみるのも一案です。

たとえばある日の晩ごはん……
オニオンスープとめかじきのソテー

1
手前のコンロでスープの具を炒める。この日はベーコンと舞茸。ル・クルーゼは炒めから煮込みまでひとつの鍋でできて便利。

2
メカジキは一口大に切り、下味をつけて小麦粉をまぶしておく。1の鍋を奥のコンロに移動させ、手前のコンロでメカジキを炒める。

3
メカジキと香菜を皿に盛りナンプラーをかける。1の鍋にコンソメ、水、フライドオニオンを加えて火にかけ、塩コショウで仕上げる。

コンロのメーカーは『Rinnai』。つまみも天板にあるので操作しやすく、スペースを有効活用できる設備です。

狭さの味方、折りたたみテーブル

「さて、料理するぞ」となったら、まず冷蔵庫の脇から折りたたみテーブルを引き出し、パカッと開いてセットします。天板がA3サイズほどのコンパクトなこのテーブルが、作業台として活躍します。

　というのも、シンク横の本来は作業スペースである場所に、わが家では食洗機を置いています。ですからこのテーブルが切ったり仮置きしたりに必須の場所。逆に言えば、狭いキッチンでもこれさえあれば、食洗機OKかつ不自由なしの場所になります。しかも、必要に応じてシンク側に持っていったりコンロ近くに寄せたりとフレキシブル。なくてはならない相棒です。

買ったのはもう20年近く前のこと。ひとり暮らしをしていた当時は、電子レンジ台として使っていました。大きさとしてはパソコン用の机くらいだと思いますから、同じようなサイズはオフィス家具を扱うお店などでも見つかるかもしれません。

Close

たためばぺったんこ

いつもは冷蔵庫脇にしまっています

Open

開けばちょうどいい作業台

コンパクトなサイズですが、材料を広げるには十分。ちょうど腰の高さなので、手を伸ばした状態でものが置け、持ち運びできる軽さも魅力。

万能鍋＋半合枡で おいしいごはんが すぐ炊ける

18㎝のル・クルーゼの片手鍋は、煮物や炒め物、そして炊飯までこなしてくれるので、数を持てない小さなキッチンには最適。今、わが家にある鍋はこれが唯一です。

パン食も多いわが家。「たまに炊くごはんのためだけに、炊飯器置き場を確保するのはもったいない」と思い始めたのがきっかけでした。ものは試しとル・クルーゼでお米を浸水。火にかけ、沸騰したら弱火で10分。火を止めたら蒸らすだけと拍子抜けするほどラクちんで、これならずぼらな私でも、と安心して炊飯器を手放しました。

ふたりで一合、どんぶりものの時には一合半。ひとりなら半合がおいしく食べきれる目安。計る道具も小さくても十分なので、一合枡ならぬ「半合枡」を合羽橋で購入しました。

食べたい時に食べたい分だけ炊くほうが、今の私たちの暮らしには合っています。長時間保管しているより、炊きたてのごはんは美味しいですしね。

小ぶりで便利な半合枡

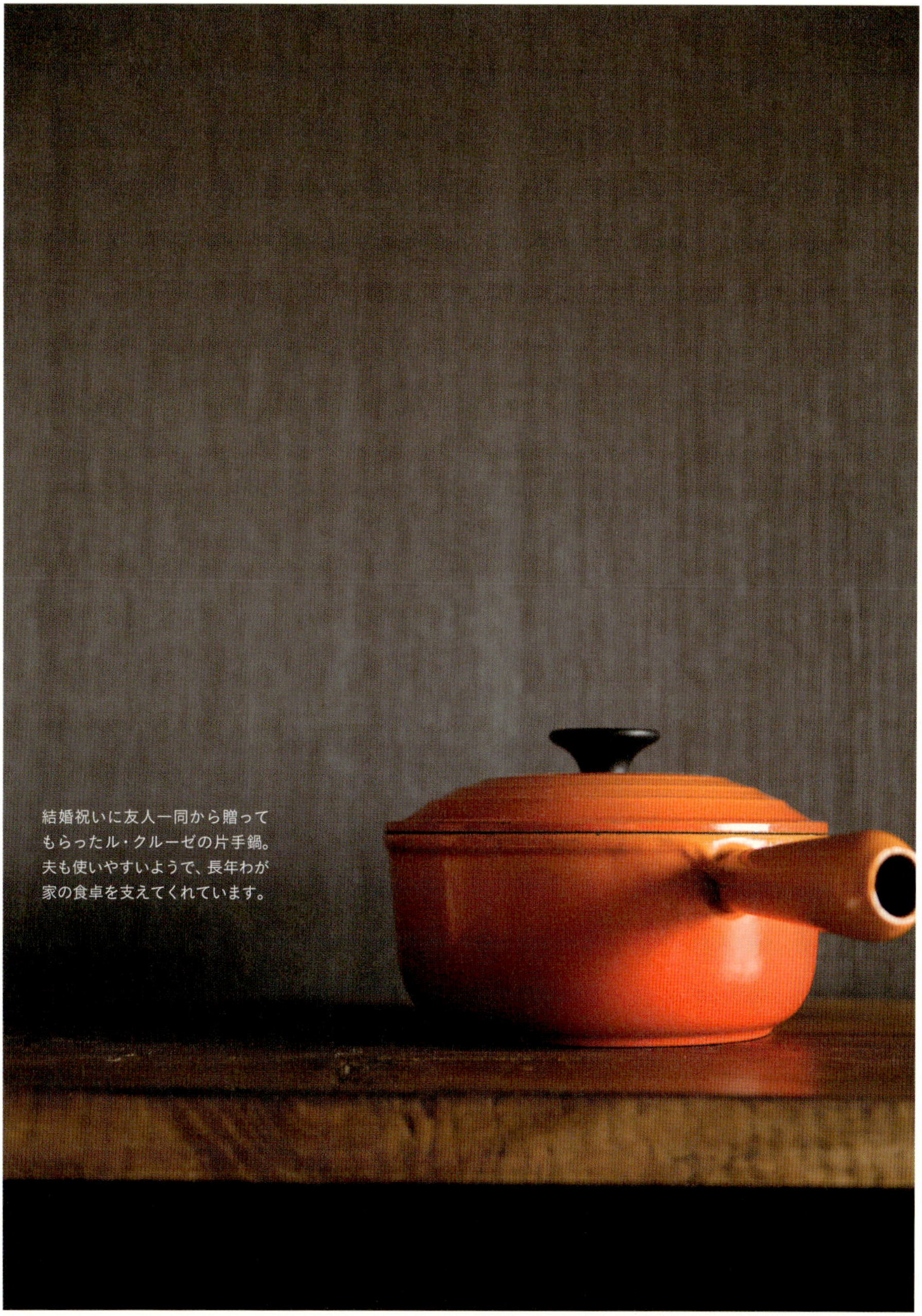

結婚祝いに友人一同から贈ってもらったル・クルーゼの片手鍋。夫も使いやすいようで、長年わが家の食卓を支えてくれています。

chapter 3

料理と食事

食材は最小単位で使いきる

食材はその都度、食べる分だけを購入します。保存スペースが限られているからだけでなく、無駄なく使いきれることが心地いいと感じています。

だから選ぶのは「余らない量」で売られているもの。一個売りの野菜や少量パックの肉や魚、食パンも2、3枚入り。本来はひとり暮らし用なのかもしれませんが、ふたりでも一食分と考えればぴったりちょうどいいくらいです。

ゴマやかつおぶしなどは小分けのもの、ソースやケチャップは弁当用の個包装タイプを普段の料理に使います。封を開けるたびに新鮮で、気付いたら劣化していたという心配もありません。プチトマトや芽キャベツなど、もともと小さな野菜も重宝。1パックの量が適当ですし、切る手間、保存にかける手間が省け、料理の時短にもつながります。

必ずしも経済的な買い方ではないのかもしれません。でも、有り余る量を処理するために常備菜作りに追われたり、腐らせて罪悪感をもったりしては、せっかくの家時間がもったいない。ならば使いきり食材を活用して、時間にも心にも余裕が出たほうが、ストレスなく豊かに暮らせるように思うのです。

1回の買い物量はミニトートにちょうど収まります

調味料は
お弁当用など
使いきりタイプ

小分けの
葉もの野菜

根菜類は
1個売りを

卵は4個パック

使いきれる量で
買えば
保存、掃除、
作り置きも不要で
気持ちが軽い

カトラリーは これで十分

来客用やサイズ違い……。以前は、ずいぶんたくさんのカトラリーを持っていましたが、この家への引っ越しを機にそれまでの普段用はすべて引退。特別な日のためにと大切にしていたセットを日常使いに昇格させたら、これだけで十分だと気付きました。カトラリーが変わったら、それだけで食卓もなんだか特別な雰囲気に。それ以来、数は少なく、質はいいものを、と決めています。

　なかでもお気に入りは、フォークやスプーンを置くためのくぼみがついているカトラリーレスト。旅先のホテルでセッティングされていたのを見て、素適！　と思わず購入しました。定位置に一つひとつ並べていくと、記念日のテーブルのように整い、気分が盛り上がります。

　シルバー類はフィンランドのブランド、『ハックマン』。美しいデザインと滑らかな質感で、簡単な手料理でも上品に見せてくれる気がします。

　そして、それらすべてをラタンのバスケットにまとめています。セッティングするときは、これに入れたまま食卓まで運び、使い終わったらケースごと戸棚へ。迷子になりがちなカトラリーも、これなら心配ありません。

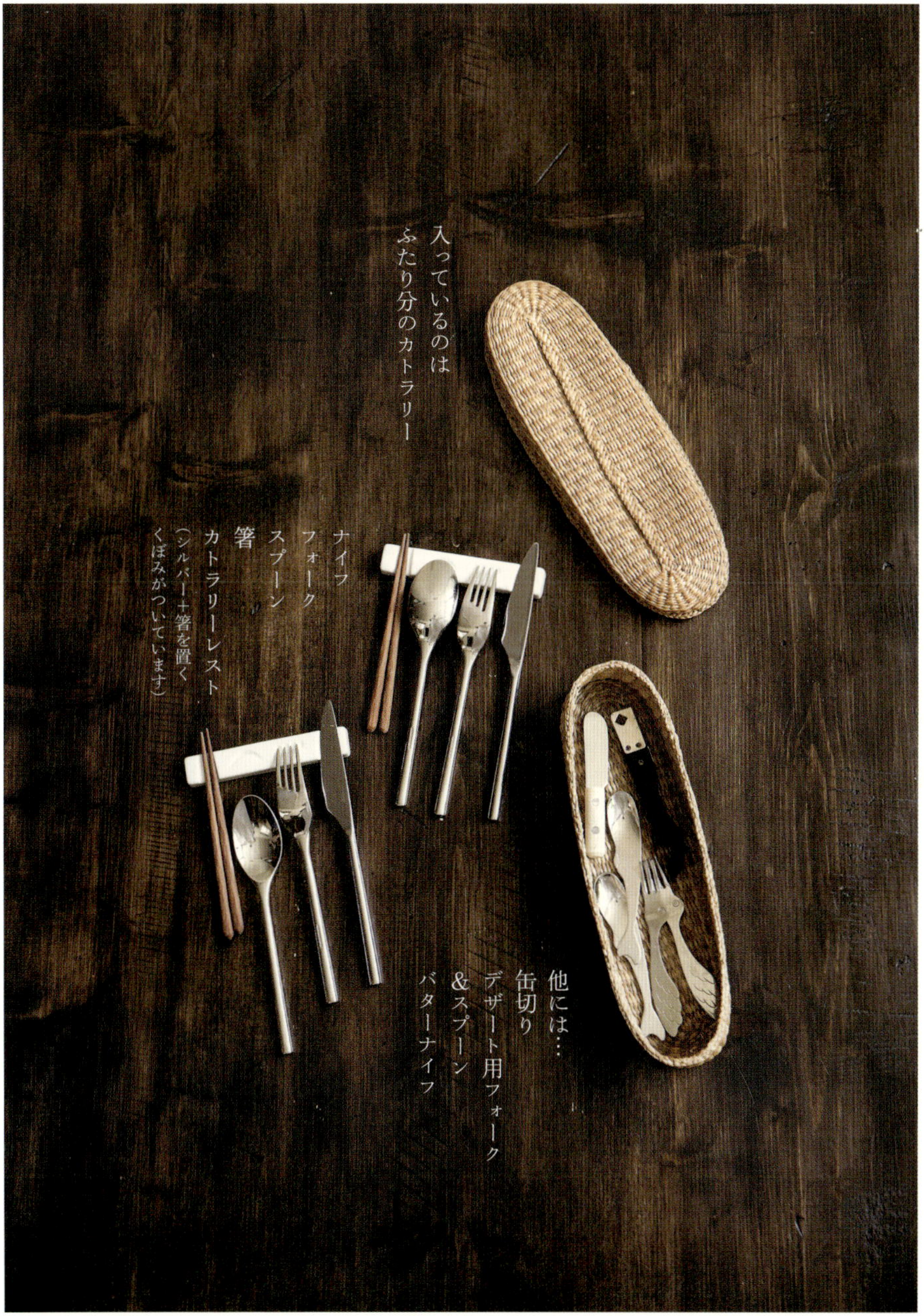
入っているのは
ふたり分のカトラリー
ナイフ
フォーク
スプーン
箸
カトラリーレスト
（シルバー＋箸を置く
くぼみがついています）
他には…
缶切り
デザート用フォーク
＆スプーン
バターナイフ

夫婦暮らしに必要な食器

吊り戸棚のいちばん上がすっぽり空いてしまう量。これがわが家のすべての食器です。大・小・深・平の数種類を2客ずつ。何を盛るか用途がはっきりしているので夫でも迷うことがなく、また、眠ったままの食器もなくなり、気持ちが軽くなりました。

メインで使っている白い大皿と中鉢、ボウルは『ボダム』の同じシリーズです。丈夫で食洗機に入れても安心。和洋中どんな料理にも合うシンプルさが魅力です。15年以上前にデンマークで見つけて一目惚れ。手荷物で持ち帰ったものですが、今でもこうして毎日使っていることを思うと、そこまでした甲斐があったなと感心します。

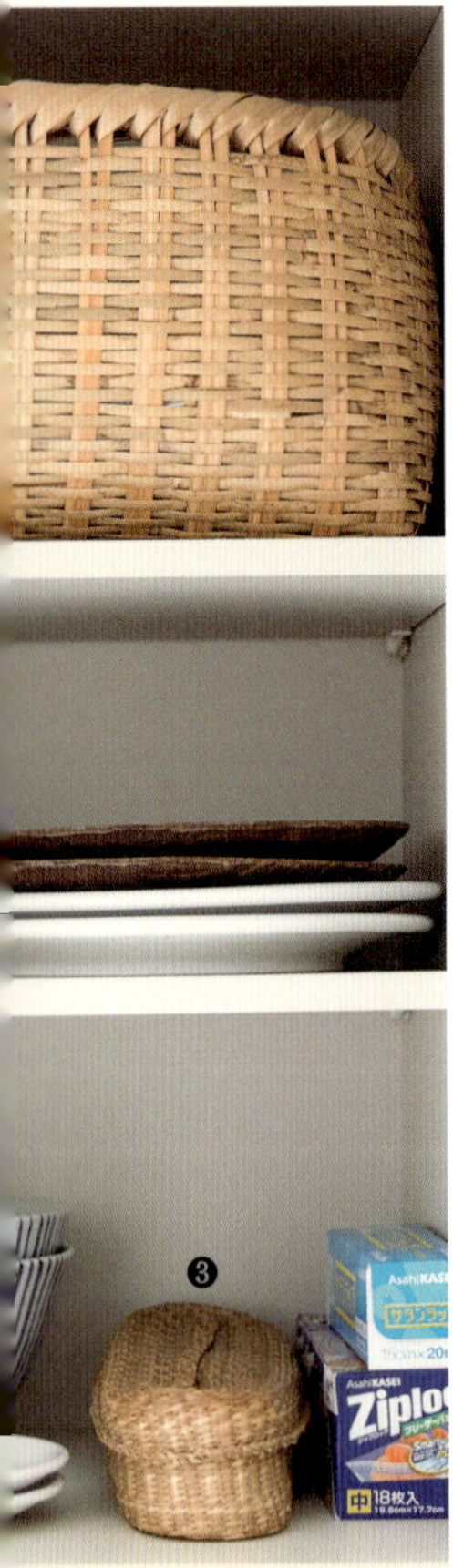

上段

食器収納だけでは吊戸棚のスペースが余るわが家。右のカゴには乾物やビン詰めなどの保存食品、左の箱には、家電の取り扱い説明書や保証書などを入れています。

中段

中皿やボウル、茶碗など普段最もよく使う器はこの段に。出し入れしやすいよう手前に置き、奥はお椀以外何も置かず、ほぼ一列空いた状態。

下段

取り皿やコップなど小さめのものを置いています。どんぶりは、大振りですが、深さがあるのでこの段に。ラップ、カトラリーケースもここにまとめて。

限られたスペースだからといって、詰め込みは禁物。

狭いからこそ
取り出しやすさと
選びやすさを
心がけています。

取り皿に使っているのは『トナーニャ』のエスプレッソ用カップのソーサー。手のひらにすっぽり収まる大きさとほどよい厚さが持ちやすく、載る量も一口分にぴったりです。

作家ものの陶器や木の皿は、本当に好きなものだけ持っています。白い器だけでは出せない、温かみのある食卓が演出できるので、数を減らしたいからといっても手放さずによかったな、と思っています。

❶同じ種類だけ重ねる

サイズや形の違うものを重ねればそれだけ数は入りますが、器が斜めになり不安定。数を絞り、重ねるのは同じ種類だけにすれば、取り出すたび落としそうになる不安を解消します。

❷間隔を空けて取り出しやすく

器と器の間は握りこぶしひとつ分くらい空けてます。取り出しやすいだけでなく、整然と並んでいることでいつでも気持ちが清々しく。一目で見渡せるので、夫も迷わず探せます。

❸カトラリーはカゴごとしまう

カトラリーはラタンのバスケットに入れて収納。わが家のカトラリーはこれに入りきる数がすべてなので（P.90）、しまう時も食卓に出す時も迷子にならず、戸棚の中でもばらつかないので見た目もすっきり。

❹竹炭で消臭

消臭と除湿効果のある竹炭をガーゼで作った袋に入れて、戸棚の奥に置いています。長さ10cm程度の板状の竹炭なら、狭いスペースでも使いやすくておすすめ。ホームセンターなどで1袋500円前後で購入できます。

食器洗い機も収納のひとつとして

ただでさえ狭いのに、食器洗い機を置いていると不思議に思われます。でもこれはわが家の必需品。小さなキッチンにこそ置きたい理由があるのです。

それは、食洗機は食器を洗って乾かすだけでなく、優秀な収納スペースとしてもフル活用できるから。使っているのは幅33cmと家庭用でも最小レベルのサイズですが、中が二段になっていて、ふたり分の食器はもちろん、鍋やまな板、カトラリーまでいっぺんに入れることができます。

パタンと扉を閉めれば、シンク内に食器が溜まらず、キッチンは瞬く間にすっきり。水切りカゴはいりません。

後片付けだけではありません。調理中も、包丁やボウルの仮置き場所として定位置にすれば、道具があちこち散らかりません。

気付いたものから洗っていけば、たいした手間ではないのかもしれません。それでもそのちょっとした手間が、負担になる時があるのも事実。水切りカゴ代わりの収納庫が、ついでに洗って、乾燥までしてくれる……。ちょっと発想を逆転すれば、なんとも頼もしい家電だと思うのです。

縦型で省スペース

奥行き52cm

52cm

33cm

一度に入る食器

大皿（φ26㎝）×2
中鉢（φ15㎝）×2
ボウル（φ13㎝）×2
取り皿（丸・12㎝）×2
取り皿（角・12㎝）×2
グラス×2

フライパン
（φ21㎝×深さ7.5㎝）
フライパンのフタ
まな板（24㎝×34㎝）
調理器具（へら、おたま、ペティナイフ）
カトラリー類（スプーン、フォーク、箸、カトラリーレスト各2）

お茶＆コーヒー道具はキッチンでなくリビングに

電気湯沸かし
容量0・75ℓとコンパクトな『デロンギ』の電気ケトル

コーヒーミル
『ボダム』の電動ミル。コードは底に収納できます

茶缶
茶葉は冷蔵庫で保存し、少量ずつ茶缶へ

汲み出しと茶さじ
白磁の汲み出しは煎茶用

急須
糸賀正人さんの焼締急須

旅先のホテル。荷解きしてから、お湯を沸かしてコーヒーをいれるひととき。ふうっと力が抜けていきます。

コーヒーやお茶の時間は、いれるまでの過程も含めてのくつろぎだと思います。だからわが家では、キッチンではなくリビングで。会話を楽しみながら、またひとりの時もゆとりをもっていれることで、味わいが違うように感じます。

それに使う場所と収納場所が一緒だと、作業がひと流れ。リビングに道具を置いておくのは、くつろぎ時間が途切れないためにも有効です。

ドリッパーとコーヒースプーン
『HARIO』の1、2杯用。スプーンは札幌の「森彦」

コーヒーサーバー
『HARIO』の300㎖

コーヒーカップ
『ARABIA』のティーマ

コーヒーポット
合羽橋で購入した0.6ℓのドリップ用ポット

日本茶の道具が小さいのは理に適ったしくみでした

抹茶に「茶道」があるように、急須を使う煎茶にも「煎茶道」というお作法があります。使う道具は、どれもとても小さい。手の中にすっぽり収まる急須やおちょこのような湯のみなど、まるでままごと道具のよう。でもそれは理にかなったこと。

煎茶は、少量の低温の湯で、じっくりと蒸らしていれることで出汁のように凝縮された旨みが味わえるのです。

お茶好きが高じ、私は10年前から日本茶カフェを開いています。「小さいのには意味がある」と、日本茶は教えてくれました。

1　普段のお茶も、小さな茶器で丁寧にいれると美味しく楽しめます。使う道具は、急須、湯のみ、湯冷まし、ポット、茶葉、砂時計。

2　水は一度しっかり沸騰させておきます。湯冷ましに1人分約60ccの湯をいれます。湯冷ましは小ぶりな片口が使いやすい。

3　急須に茶葉をいれます。2人分で約6〜7g。1人分だけいれる場合は、約5g程度と少し多めに。

4 湯は60〜70℃くらいまで冷まします。湯冷ましを手の平にのせて、じんわりあたたかい、と感じたら適温です。

5 茶葉の入った急須に適温になった湯を注ぎます。湯を急須の中心に一度にいれるのではなく、茶葉の周りからゆっくりと。

1分を測る砂時計

6 急須のフタをして1分間待ちます。この間にお茶が蒸らされるので、急須を揺すったり、動かしたりしないように。

7 1分後、いったん急須のフタを開け、茶葉の開き具合を確認。茶葉が水分を含んでふっくらとしていたら、できあがりです。

8 急須にフタをし、ゆっくり傾けながら、湯のみに注ぎます。2煎目もおいしく飲むには、最後の1滴まで注ぎきるのが秘訣です。

ひとくちの
甘味とともに
いただきます

9 旨みが出たお茶は、やや黄色っぽくなります。煎茶は繊細な味わいなので、お茶うけの甘味も、小ぶりなものがよく合います。

小さいことの美意識は日本古来の文化なり

ちんまりしたものが好きな私ですが、以前、知人の紹介でお会いした伝統工芸士の方から「小さいことは江戸の粋」というお話をうかがい、その意味を確かめたく思っていました。そこでいくつかの文献をあたってみると、小さいっていいもんだよね、と背中を押されるような記述に出会いました。

なにもなにも　ちいさきものは　みなうつくし

清少納言の『枕草子』うつくしきものの一節です。跳んでくる小雀や、幼い子が小さい指でつまむしぐさ、人形遊びの道具、蓮の小さな葉なども、どれも小さいものは愛らしいという意味で、日本には古来から小さなものを愛でる文化があったことがわかります。

たとえば豆皿や小皿、そば猪口など、現在でも好まれる小さな器は、江戸時代には既に日常的なものだったようです。あるいは扇子。もとは中国や韓国で普及していた平たくて大きなうちわを、日本では優美に折り畳める扇子に仕立てました。雄大な自然の風景を、個人の邸宅内で楽しめるよう凝縮した盆栽や坪庭、手軽に持ち運べるようにコンパクトに詰めた幕の内弁当や重箱も、「小さくする」目的から生まれたもの。しかしそのどれも実用性だけでなく、美しさも兼ね備えなが

らサイズダウンしたところに、日本ならではのこだわりや美意識があるように感じます。

ではなぜこのような文化ができたのでしょう。背景にあるのは、狭い日本の土地環境や、手が小さいという日本人の身体的な特徴だけではありません。限りなく狭い空間に、たった一輪の花の蕾を活ける茶室のしつらえからも窺えるように、私たちの心の底に流れる侘びや数寄の感性が、小さなものは美しい、簡素な中にこそ豊かさがある、ととらえる意識につながったと思うのです。

だからでしょうか、豆、ひな、姫、子……といった、小さなものを表す言葉が豊富に存在するのも日本語ならではかもしれません。そういえば『万葉集』で歌われている花で、最も多いのは「萩」だとか。「牡丹」のような大輪の花ではなく、緻密で繊細なものを題材として選ぶのも、なるほど頷けます。小さいものがしっくりくるのは当然のこと。ますます「ちんまり」に共感を覚えるようになりました。

参考文献　李御寧『「縮み」志向の日本人』講談社、上田篤『日本人のすまい』岩波書店、岸上慎二『清少納言』吉川弘文館、川端康成『川端康成全集第二十八巻』新潮社

道具もミニに切り替える

わが家のキッチン道具を初めて見た方は、みなさん「わぁ」と驚かれます。あれもこれもミニサイズ。一般的な大きさの、半分ほどのサイズが大半です。

収納場所を選ばないのはもちろんですが、力いらずで使いやすいのが私にとっては大きな魅力。長さが10cm短いだけでも持った感触が軽くなり、調理するのがずいぶんラクになりました。

また道具だけでなく、調味料もミニサイズ。最後まで鮮度よく使いきれます。

フライパン
合羽橋で買ったφ15・5cmの鉄製
しゃもじ、おたま等
どれも20cm以下。百円ショップで見つけることも
ビーカー、トング
100mlのビーカーは計量カップとして使用。トングもミニ
ラップ
15cm幅のミニサイズ。小皿用に最適
20m サランラップ
半合枡
お米を計る時に使います
茶漉し
味噌漉しとして使っています

中濃ソース
弁当用の個装パック。ふたり分の1食に手頃な量
卓上七味
少量パックのものを缶に詰め替えて
山椒
色が変わりやすいので5g入りがちょうどいい
オリーブオイル
50g入り。ドレッシングにも炒めにもこれ1本
醤油
100㎖。コンビニで売っている使い切りサイズ
塩・こしょうセット
海外で手に入れました。詰め替えもできます

保存方法も狭さに合わせて

わが家の冷蔵庫は容量１１０ℓ。高さ約１メートルの、ひとり暮らし用サイズです。それでも不便に感じないのは、使いきり習慣のおかげでしょう。狭いキッチンに無理なく置けることを考えて選んだサイズですが、「その日食べるものをその日買う。買ったらその日に使いきる」という循環で、この容量でも困ったことがありません。

使い切るのは食材だけではありません。調味料や乾物類もひとり暮らし用や小分けのパック。どれも小さいのでドアポケットにすっぽり収まり、鮮度を保ったまま、数週間で消費します。また、ジップロックやラップもミニサイズ。

小さな冷蔵庫と小さな食材なら、こうしたグッズもおのずと小さく済むのです。

たくさんの常備菜を保存しておくスペースを持つよりも、今食べるものだけを置いておくほうが身軽で心地いい。大人のふたり暮らしには、このサイズの冷蔵庫で十分、という結論になりました。

乾物類は小分けにして、ジップロックへ

ミニラップは小皿にぴったり

110ℓのツードアタイプ
機能もシンプルで使いやすい

冷蔵庫の中はいつも「ほぼカラ」を保ちます

冷蔵庫を開けると、すっかすか。いつも「ほぼカラ」の状態です。たくさん入っていないと不安という方もいるかもしれませんが、私は逆。冷蔵庫がみっちり詰まっていると、なんだか自分には手に余るようで、途端にプレッシャーを感じます。

そこで「ほぼカラ」。この状態になっていると、食材をちゃんと使い回せていると実感できて、安心します。小さな冷蔵庫なので買い物直後は満杯近くになりますが、それはほんの一瞬のこと。料理とともに瞬く間に「ほぼカラ」に戻ります。

ものを入れる時に気をつけているのは、棚の奥に置かないこと。扉を開けたら、すべて見渡せる状態がベストです。野菜や肉だけでなく、味噌や卵も残りがぱっとわかるよう手前一列に横並び。多少の残り野菜などは小さな保存容器に入れますが、こうなる時も手前一列からあふれるほどには残しません。

また引き出し式の野菜室は、パントリーのような使い方。米やお茶を入れていますが、少量ずつの購入で、在庫の持ち過ぎを防いで

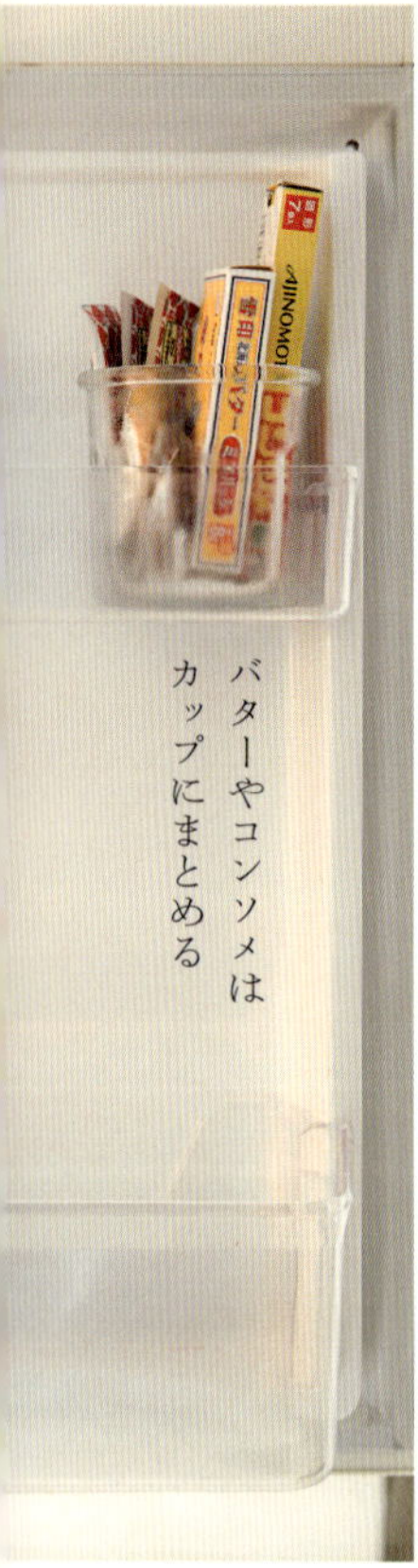

バターやコンソメはカップにまとめる

います。
庫内がすかっと空いていれば、こまめな拭き掃除だって難なし。棚板ごと洗いたいような時も、億劫にならず、いつも清潔を保てています。

冷凍庫は日常的な贅沢の貯蔵庫

冷凍庫を開けるたびに、静かににんまり。ここには、大人生活にちょっと嬉しいものを入れています。

まずはフルーツ。冷凍したカットパインやバナナ、ブルーベリーなどはそのまま、ぱくり。輸入スーパーで見つけるおしゃれなパンは、とっておきのディナーのために冷凍保存しておきます。それからリキュール類。約25度以上とアルコール度数の高いお酒は、冷凍しても凍りません。週末のおともに、またフルーツやアイスにかけても美味しいです。

こういったことができるのは、わが家の冷凍庫がごはんやおかずでめいっぱい詰まっていないから。お米はその都度炊きますし、野菜や肉も使いきるので、冷凍庫には停滞しません。代わりに小さな贅沢品が日常の疲れを癒します。

せっかくの家時間。ゆっくりくつろぐ時間を作って、ささやかな美味しさで安らぐのは、身の丈サイズのしあわせだな、と思うのです。

上段にはフルーツやパン

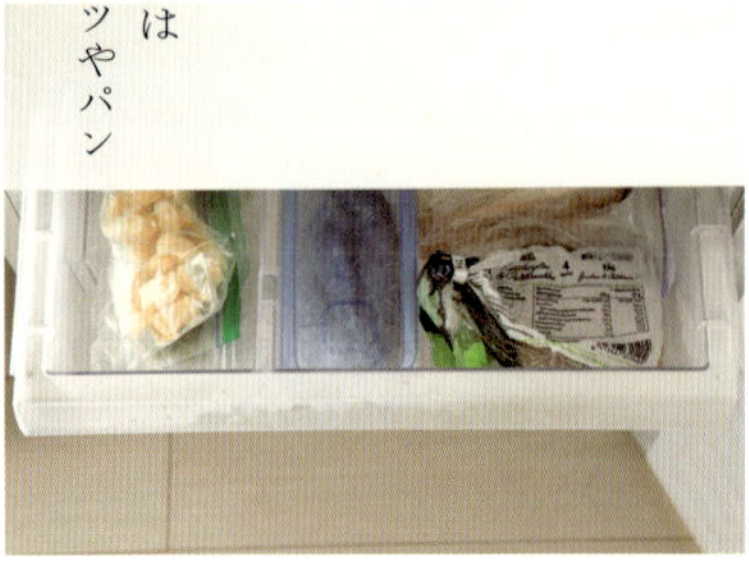

下段にはお酒やコーヒー、氷

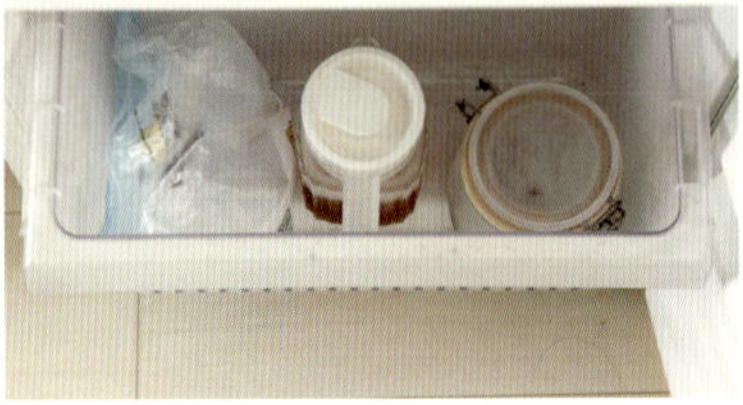

義母手製の梅酒
市販品より度数が高いので凍りません
16cm
50mℓ
15cm
ミニボトルのリキュール類
コーヒー豆は冷凍すると風味が飛ばない
THE GLENLIVET
12
COINTREAU
BOMBAY SAPPHIRE
DRY GIN
ABSOLUT VODKA

ふきん、雑巾の区別なし。手ぬぐいですぐ拭き、すぐ洗う

掃除用具でいちばん出番の多い布巾類。わが家では10枚の手ぬぐいを常備して、雑巾、台拭き、食器拭きにと区別なく使いまわしています。

なぜなら、濡れた布巾をそのまま放置するのがイヤだから。使用後サッと洗ったとしても、室内干しではどうしても臭いが残るし、漂白も毎回は面倒です。なんとなく不衛生な気配を感じるものを室内に何枚も掛けておくのに抵抗があり、それならどんどん洗ってどんどん乾かす、即ち「たくさんあるから、汚れたらすぐ洗濯乾燥機へ放り込もう」というスタイルに落ち着きました。

そのためには使い回すだけの枚数が必要です。手ぬぐいならタオルや雑巾よりかさばらず、10枚あってもコンパクトな手付きカゴに収まります。これなら狭いわが家でも、心置きなくたくさん持つことができました。

色柄が楽しい手ぬぐいですが、たくさんあると雑多になりがち。わが家ではブルー系と決めて揃えています。

chapter 3
料理と食事

シンクに置くのは棕櫚たわしだけ

シンクは40㎝の正方形。狭くてもできる限りのびのび使えるよう、置くのはたわしだけと決めています。使っているのは手の平サイズの棕櫚たわし。繊維が柔らかく、汚れにもしっかり入り込むため、余程の油汚れでない限りは食器や鍋も洗剤を使わずきれいにできます。スポンジだとどうしても生乾きの臭いや細菌が気になりますが、たわしなら紐をつけて掛けておくだけで自然に乾燥。いつも清潔なので助かります。

出しっぱなしにしがちな台所洗剤は、スプレーボトルに入れ替えシンク下に。食洗機に入らない器を洗う時など、使う時だけ出して、終わったらすぐしまいます。

また、ちょっとした手洗いのあと置く場所にはシンクマットを活用。本来はシンク内に敷いて、食器の割れ防止などに使う道具ですが、わが家では水切りカゴ代わり。かさばらず食洗機の上にぴったり置けて、キッチンの美観を邪魔しません。

すっきりシンクを保つ工夫

•水切りカゴの代わりに……

『INTER DESIGN』のシンクマット。かさばらず、丸洗いもラクなのでいつでも清潔。手洗いした食器はここに置いて自然乾燥します。

•洗剤は出し置きせず……

スーパーで見つけたミニ霧吹きに、台所洗剤を詰め替えて使用。普段はシンク下の戸棚の中に収納。

•カラフルなスポンジではなく……

鍋洗いに使う丸たわしは『高田耕造商店』。小回りのきく棒タワシは『白木屋傳兵衛』や『山本勝之助商店』で買っています。

chapter 3

料理と食事

かさばっても……
好きだから持つトースター

パンが大好きです。どのくらい好きかというと、365日三食パンでも構わないくらい。だから持っています、『デュアリット』のトースター。これで焼くと中はもっちり、外はカリッとすこし冷めても深い味わい。重厚で無骨なつくりで、ジジジという音とともに焼き上がりを待つ時間も至福です。

このトースター、以前読んだ本、堀井和子さんの『朝ごはんの空気を見つけにいく』で出会い、憧れていたもの。書かれていた〝極上のもちもちっとしたトースト感〟を味わいたくて、結婚を機に購入しました。

実のところ、当時の私にはちょっとばかり贅沢なお買い物。パンは電子レンジのトースター機能でも焼けますし、焼き網でも十分です。今の狭いキッチンには不釣り合いなほどの存在感でもあります。

必要か必要じゃないか、と聞かれれば後者かもしれません。でもこのトースターがもたらしてくれる楽しみは、パン好きの私にとってはとても大きく思えます。

豪華な写真集やアンティークの家具、手びねりの陶器など、心を満たすものは人それぞれ。たとえかさばっていたとしても、大人ならではの価値観で大切にしたいと思うのです。

『デュアリット』の2スロットトースターは、1954年に発売されて以来変わらぬデザイン。手動で焼き加減を確かめるアナログ具合もかわいく、何より驚くほどトーストが美味しい！

優先したのは
広い家よりも楽しい街。
これからの暮らしに
大切です。

La Ronde d'Argile（ラ・ロンダジル）
作家の器や暮らしの手工芸品を扱うギャリー&ショップ。陶器や漆器、木のカトラリーなどセレクトされたものだけでなく、空間やしつらえも美しいです。東京都新宿区若宮町11 麻耶ビル1F

引っ越しが多いわが家ですが、家選びの時いつも最優先に考えるのが「楽しく暮らせる場所かどうか」。仕事の利便性はもちろんですが、その街に暮らしてわくわくした気持ちを持てるかどうかを考えると、私たちの場合「都会」に行きつきます。そのうえで家賃との兼ね合いをとると、家は必然的にコンパクト。小さな家に暮らすのは、家の広さより、土地の魅力を優先させてきた結果ともいえます。

今暮らしているのは、古い街並と新しい街並が共存した街、神楽坂から徒歩圏内です。東京の地図で見ると山手線の真ん中。そんな都心で暮らせるの？ と聞かれることがありますが、庶民的なスーパーも昔ながらの八百屋さんや魚屋さんもあります。多少物価は高くても、日々の交通費や時間のことを考えれば、これもひとつの選択肢だと思います。

　それから歩いていける距離にカフェやギャラリー、セレクト書店、器や道具の店、老舗和菓子店なども。知欲を満たし、センスを磨いてくれる街の力は、わざわざ自分から探すことが少なくなった今だからこそ、大切なように感じます。

　神楽坂は小さな街ですから、坂を登って下る頃には、必ず誰か、ご近所の知り合いに声を掛けられます。人付き合いの少ないように思われる都会でも、実はこうして付かず離れずのほどよい距離感で支え合う文化があるのだな、と実感します。

　ふたり暮らしの私たちですから、これからの人生に、そんな気のおけない仲間がいることも、心強く感じます。家を変えつつ早10年。この先、どこか別の都市に引っ越したとしても、この街とは末永く付き合えていけたらいいな、と思っています。

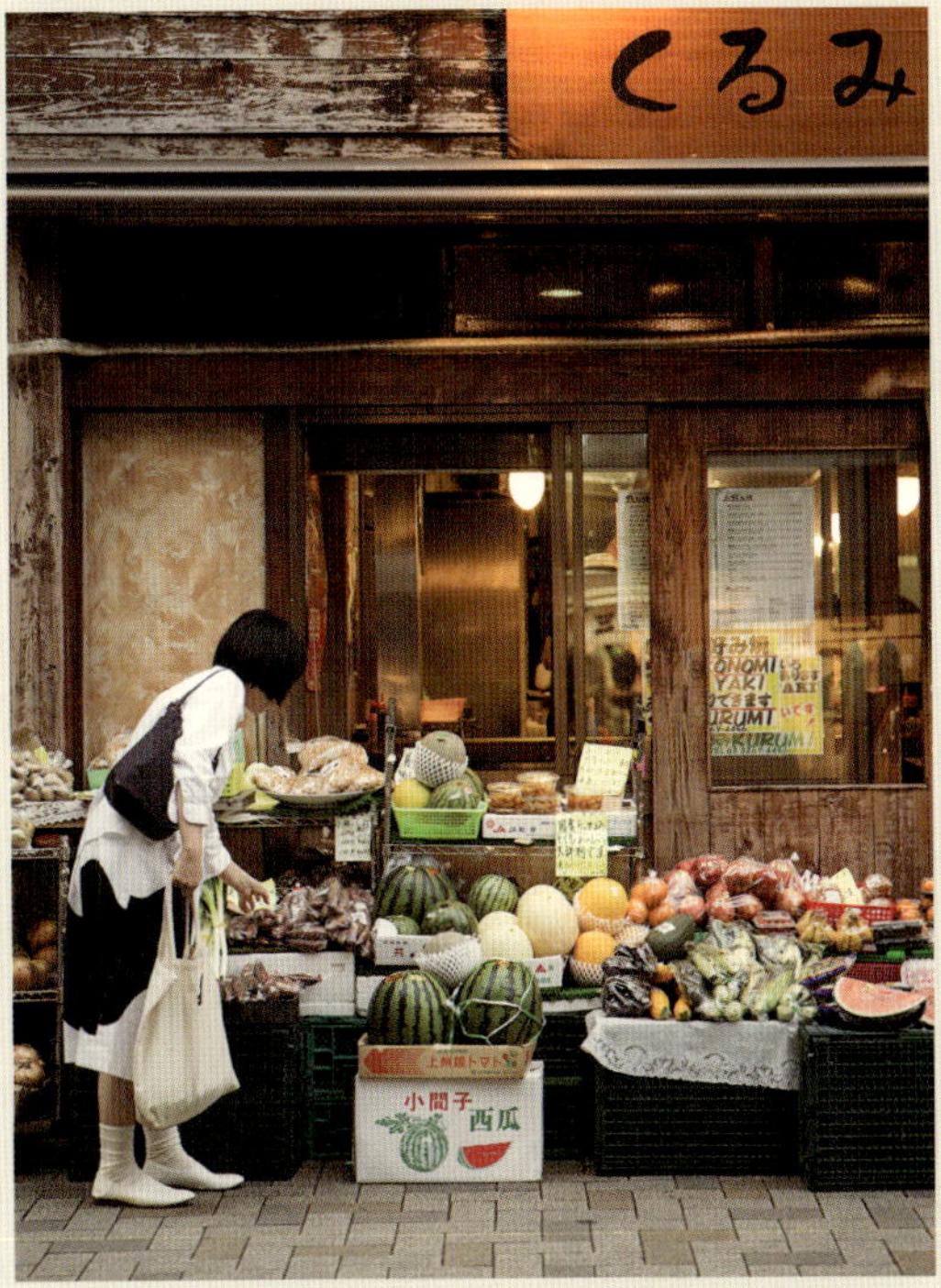

広島お好み焼「くるみ」
お好み焼き屋さんの店先で、広島をはじめ各地の野菜を販売。もともと八百屋だった店主の父親が店頭に立ち、美味しい野菜を教えてくれます。東京都新宿区神楽坂5-30 イセヤビル1F

小さい家は心地いい

――夫の証言

この家に越してきて、もうすぐ四年目に入ります。小さい家で暮らしてから、どんな変化があったのか夫に聞いてみたところ、こんな答えが返ってきました。「家に、闇がなくなったんだよ」。

「闇」とは、見えない部分のことだと彼は言います。家が狭くなり収納場所が減った結果、無駄なものを持たなくなった私たち。「あそこに使わないものが隠れている……」と思うことがなくなっただけで、ずいぶん気持ちがラクになったそうです。

ものだけではありません。使いこなせないスペースも、いわば空間の「闇」。狭くなったおかげですべてのスペースを把握でき、どこに何が何個あるか、隅々まで自覚できることがとても安心だと言います。

ところで、私たち共通の趣味は読書です。読むことだけでなく、好きな本を持つことにも満足感があるほうなので、図書館で済ませればいいというわけにもいきません。ですから本だけは、お互い気にせずに買っていいことにしているのですが、問題は収納。大きな本棚はありませんので、並べられなくなったら古本屋に持っていく習慣です。

さて、好きで買った本をこうして短期間で手放すことを、夫はどう思っているのでしょう。実は私もすこし気がかりな点でした。ところが夫は嬉しそうに顔をほころばせて「本を買う楽しみが、前より増えた気がする」と。スペースができたら、また新しい本が買える。本棚

が循環しているのが、楽しいことだと言うのです。

じゃあ手放したあとで、もう一度読みたくなったとしたら？ 私だったら手放した自分をちょっと責めたり、後悔したりもしそうですが、夫はその本をどれだけ好きだったかがわかり、同じ本を買えるからまた嬉しいそう。

ならば、もしそれがなかなか手に入らない希少本なら？ それは、古書店で探す楽しみや、どこかで再会する気持ちでワクワクするのだと言います。「だから手放したのにまた買った本はいくつもあるよ」と誇らしげ。小さい家への順応性は、私以上に高いのかもしれません。

黒猫の桜は、夫が独身時代から飼っていて、結婚してからもずっと私たちと連れ添い、二年前に見送ったペットです。別れの寂しさもありますが、楽しかった思い出をたくさん残してくれました。いなくなってすぐ、置き畳の下やソファの裏から、桜のヒゲが何本か出てきました。それを小さな専用の桐箱に入れて、大切にしまってあります。ほんの数粒のカリカリと水をあげるのも毎朝の習慣。エスプレッソ用のカップは、今は桜のごはん入れです。

家が狭くなったからといって、何もかも手放さなくてもいい。こうして、大事な思い出や習慣を持ち続けていられるから、安心して暮らせるようです。

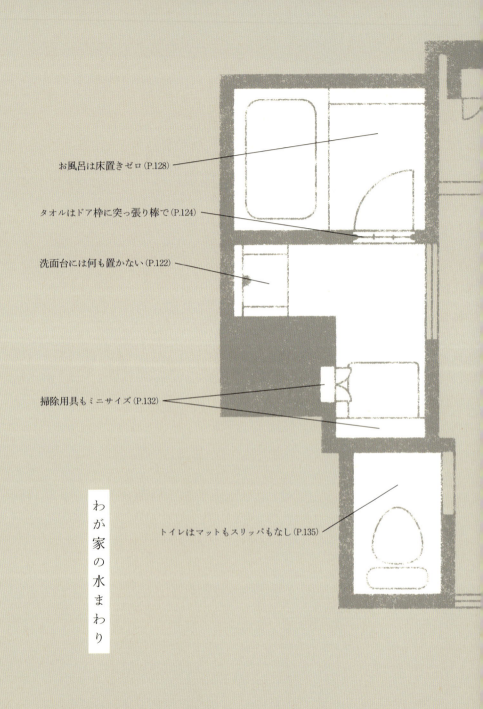

わが家の水まわり

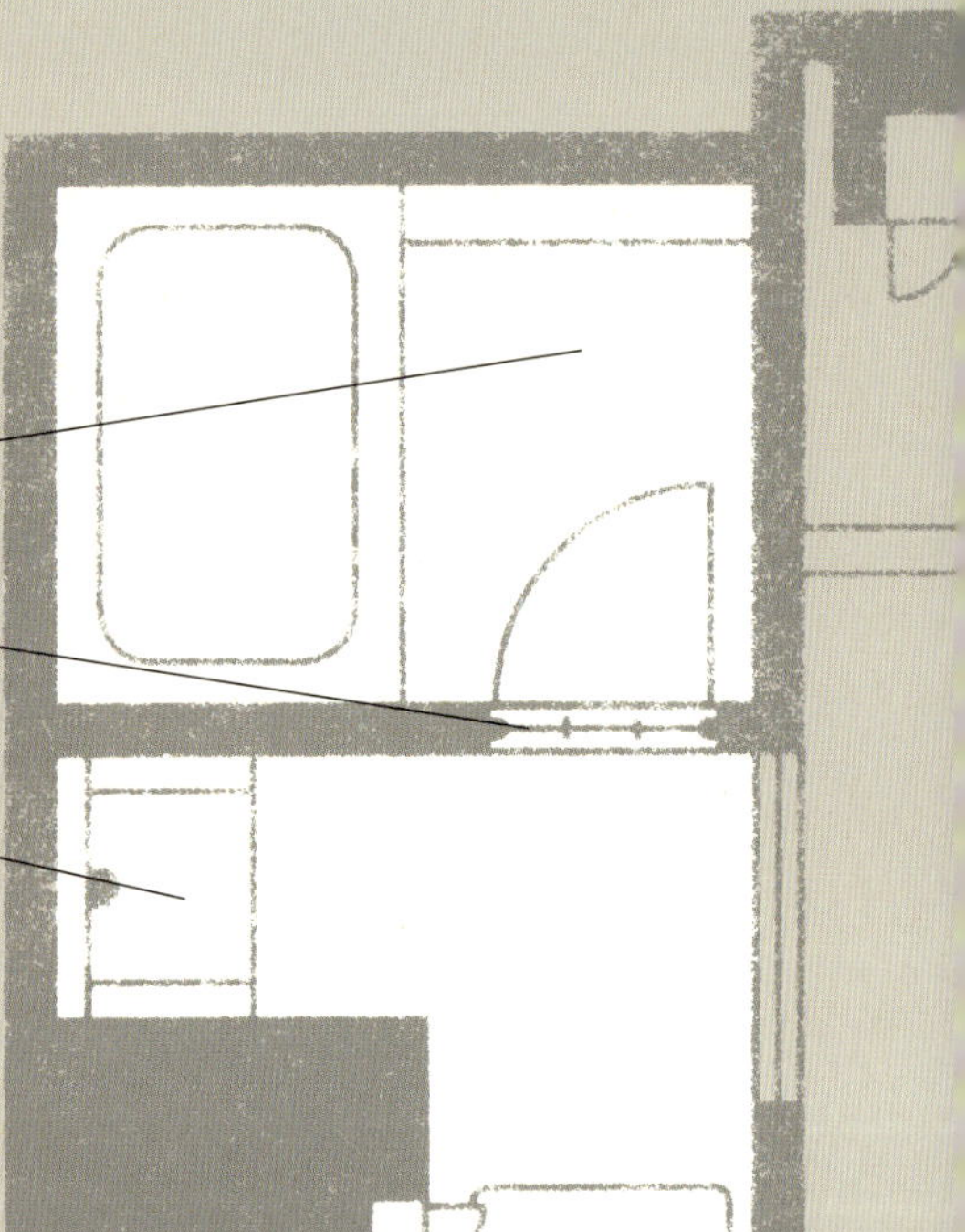
お風呂は床置きゼロ（P.128）
タオルはドア枠に突っ張り棒で（P.124）
洗面台には何も置かない（P.122）
掃除用具もミニサイズ（P.132）
トイレはマットもスリッパもなし（P.135）

chapter

4

お風呂と掃除

水まわり空間は
一般的な広さです。
汚れやすい場所だからこそ
ちょっとした工夫で
いつもクリーンに保っています。

四隅を空ければいつもクリーン

ピカピカの真っ白いホウロウと、ステンレスがきらっと輝くサニタリー。いつも念入りに磨いているのか……と勘違いされそうですが、残念ながら掃除は得意なほうではありません。それでもいつもクリーンに保てているのは、シンクも台も床の上も、四隅を空けているからなのです。

洗面所や浴室では、水は隅に向かって流れていきます。だからそこにものがあると、石けんカスや髪の毛の溜まり場に。トイレも同じ。ホコリやペーパーの切れ端などが、気付かないうちに隅のほうへ集まります。でもここが空いていると汚れが溜まらず、また置いているもの自体を拭いたり磨いたりする必要がないので掃除があっという間に終了します。

それから、水まわりでやっかいなのが白い水垢。でもこれは水の中に含まれるミネラル分が固まったものですから、水滴を残さないだけで防げます。シンクも隅を空ければ水が溜らず、水垢はもちろん、カビやぬめりもできにくい環境に。

さて、わが家の洗面台。タオルも石けんも、見えるところには何もものを置いていません。浴室には洗面器や椅子もなく、トイレにはスリッパすらありません。これなら汚れが溜まらないので、サッと一拭きするだけですっきり。掃除が苦手だからこそ、ラクな方法を見つけました。

鏡とカランは手ぬぐいで乾拭き。
洗面台のホウロウ部分と排水口
は、お湯で濡らした手ぬぐいに重
曹を振りかけて磨くとピカピカに。

省スペースかつ落ちにくいタオル掛けのアイデア

バスタオルとフェイスタオルは、浴室のドアに吊るしています。工夫しているのは、その掛け方。「省スペースかつ落ちにくい」にこだわった超簡単DIYです。

まずドア枠に突っ張り棒をつけ、そこに書類用のリングとS字フックを掛ければ完成です。ポイントはこのフック選び。通常のS字だと、タオルを取る時にフックごと外れてしまうことがよくありますが、私が選んだのはSの字のカーブが深く、もう片方が輪になっている「パイプSカン」と呼ばれる種類。輪になったほうをリングに通し、そのリングを突っ張り棒に掛ければもう落ちることのないタオル掛けです。

こうしてわずか幅10㎝のドア枠に、ふたり分のバスタオルとフェイスタオル、計4枚を吊るしています。使用後は掛けておくだけで乾くので、大仰なタオル掛けは必要なし。狭い脱衣スペースにはもってこいのしくみです。

ちなみにSカンを見つけたのはホームセンターの工具売り場。通常は輪をパイプなどに通して、日曜大工道具や事務用品などを掛けるのに利用される部品なのかもしれませんが、いい掘り出し物に会えました。

百円ショップで見つけたカードリング

『コニビオラ』のステンレスSカン

浴室の入り口ドアがタオル掛けスペース。入浴中はお風呂から、洗面時は洗面所からと両側からパッと取れて便利。タオル掛けを別途置く必要がありません。

鏡裏収納に詰め込まない

洗面台の鏡を開くと「本当にものが少ないですね」と驚かれることが多いです。私としては「そうかな？」という気持ち。これでも十分、必要なものは揃っているからです。

洗面所でするのは歯みがきとスキンケア。メイクはリビングでしますので、化粧品はクローゼットに置いています。アクセサリーも使いたいものをその都度出すので、ここに常備する必要はありません。

夫は、日常の身だしなみに使うひげそりとドライヤー、ヘアワックスだけはここが定位置。爪切りや耳かきなどその他のお手入れ用品は、トイレ内の収納棚に入れています。こうして空間に余白を残せば、必要なものがすぐに取り出せ、朝の身支度もスマートにテキパキ終えられます。

とはいえアイテムを絞っても、わが家の鏡裏収納は奥行きも浅く、高さもあまりありません。それでも収まりきるように、それぞれのアイテムをできるだけ小さなサイズで揃えています。たとえば、トラベルサイズのコスメや、柄の短い子供用歯ブラシなど。特に歯ブラシは『プロスペック』という歯科専用のブランドで、シックな色もお気に入り。ホワイトとネイビー、タオルの色に合わせています。

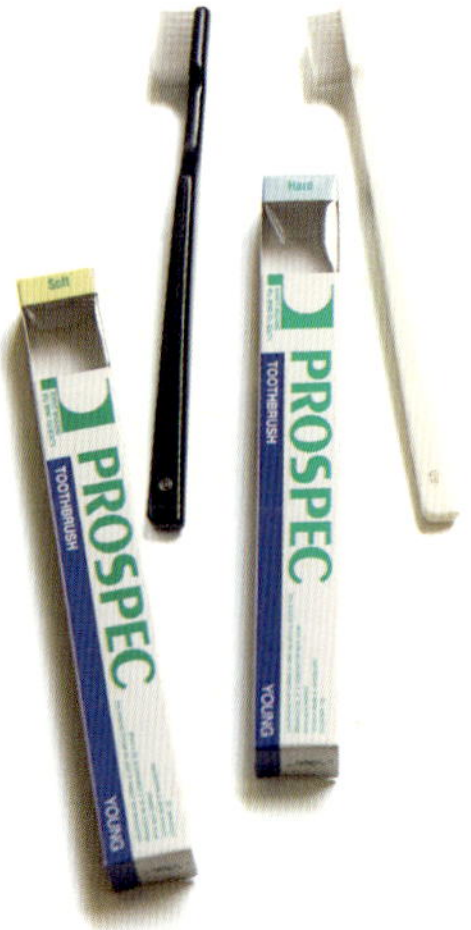

『プロスペック』のヤングサイズ

ドライヤー
トラベルサイズの化粧品
ヘアワックス
歯ブラシ
ハンドソープ
夫のひげそり

バスタブに浸かって、ふ〜っと一息。湯船から見た時、視界の先が整っていると、お風呂の時間は心からリラックスできます。

理想はホテルのバスルームのように、すっきり美しい浴室です。そのために徹底しているのが「出し置きゼロ」。床や棚にものを置かず、吊るせるものはできるだけ吊るします。たとえば、浴室乾燥用のポールに『IKEA』のバスケット、NORDARANAを吊るし、掃除用具や洗顔料、入浴剤をイン。これでシャワー横の棚にばらばら置いたり、床にステンレスラックを用意する必要がなくなりました。洗い場が広々、さっぱり気持ちよく使えます。

出し置きゼロで清潔なお風呂

桶や椅子も置いていません。以前は使っていたこともありましたが、便利さよりも、水垢やぬめりが気になってなんだか不快な記憶ばかり。なくす時はすこし思いきったつもりでしたが、今となっては特に不便を感じません。

床がからっぽだと、掃除もしやすくこまめに磨く習慣も。入浴後は換気扇を回すだけで、強力なカビ取りも不要です。

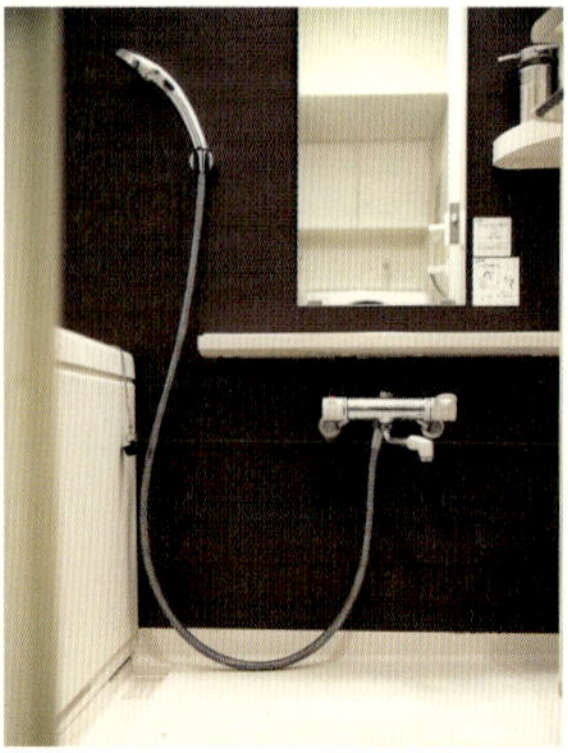

浴室乾燥用のポールに吊るしているバスケット。中には掃除用ブラシ、スポンジ、『ひば工房』のヒバオイルなど。オイルは入浴剤として使っていますが、浴室を抗菌する効果もあります。

共用しない方が
気持ちのいいもの

シャンプー、タオル、
歯みがきコップなど
直接肌に触れるものは
夫婦別々にしています。
お互い気持ちよく使え、
おだやかな心持ちでいられます。

シャンプー・コンディショナー

私は香りのあるしっとり派、夫はさっぱり派、と好みが別々なだけではありません。それぞれ使用量や使う頻度も違うので、分けたほうが遠慮も不満もなくなります。なくなったら自分で『IKEA』のSAVERNソープディスペンサーに詰め替えて。

タオル

使い込むものなのでそれぞれに。夫がホワイト、私がネイビーと色分けして持っています。「マイカラー」があると、なにげない日用品もちょっと嬉しく。『IKEA』のÅFJÄRDENシリーズを使用。

掃除道具も ミニサイズ

おもちゃのように小さな掃除用具も、わが家の定番アイテムです。重曹や漂白剤はいちばん小さなパックで購入。500ccのキャニスターにちょうど入りきる量なので、使いかけを残さず詰め替えできます。粘着テープ（コロコロ）もこぶしほどのコンパクトサイズ。収納場所を取らないだけなく、小回りがきくので、家具と壁のあいだやソファの溝までフィットします。ただ、夫が「楽しい」というクイックルワイパーはまだミニサイズが発見できず。幅半分くらいのものがあったら、あちこちちょいがけに重宝する気がするのですが。

洗剤用スプーン
『MUJI』の入浴剤用計量スプーンを洗剤用に。長さ10cm程で、重曹などを入れたキャニスターにすっぽり収まります。

磨き用雑巾
体洗い用のナイロンタオルを雑巾として使用。手ぬぐいより目が粗いので、しっかり磨きたい時や汚れが目立つ時に登場します。

重曹

レンジの油汚れや鍋の焦げ、湯垢など家中のあちこちで使っています。粉末のままならクレンザー代わりにも。こちらも百円ショップで。

酸素系漂白剤

洗濯だけでなく浴室の床や排水口の掃除にも。合成洗剤のような臭いもなく、手肌に安心です。手頃な100g入りは百円ショップでよく見かけます。

ミニコロコロ

横幅が一般的なものの半分くらいのミニコロコロは『ダイソー』の商品。これをミニサイズに代えただけで、収納カゴにかなりゆとりが生まれました。

カゴの中には……

クイックルワイパーシートなどを含め、掃除用具はまとめてこの中に。見えて美しい中身ではないので、『jokogumo』のカゴでほどよく隠します。

わかりやすいルールがあれば
家のしごともスムーズに

目で見てわかるしくみにして、気付いたほうが引き受ける。
曜日や担当をストイックに決めすぎないほうが
お互いのペースを信じて気持ちよく
過ごせるようになりました。

クリーニングは
時間に余裕のある人が

→毎日見る場所に袋を置く

廊下に自立型の袋を置き、クリーニングに出す服を放り込みます。玄関へ出る際必ず通る場所なので、お互い溜まり具合を毎日確認。満杯になる前でも、時間があるほうが出しにいきます。

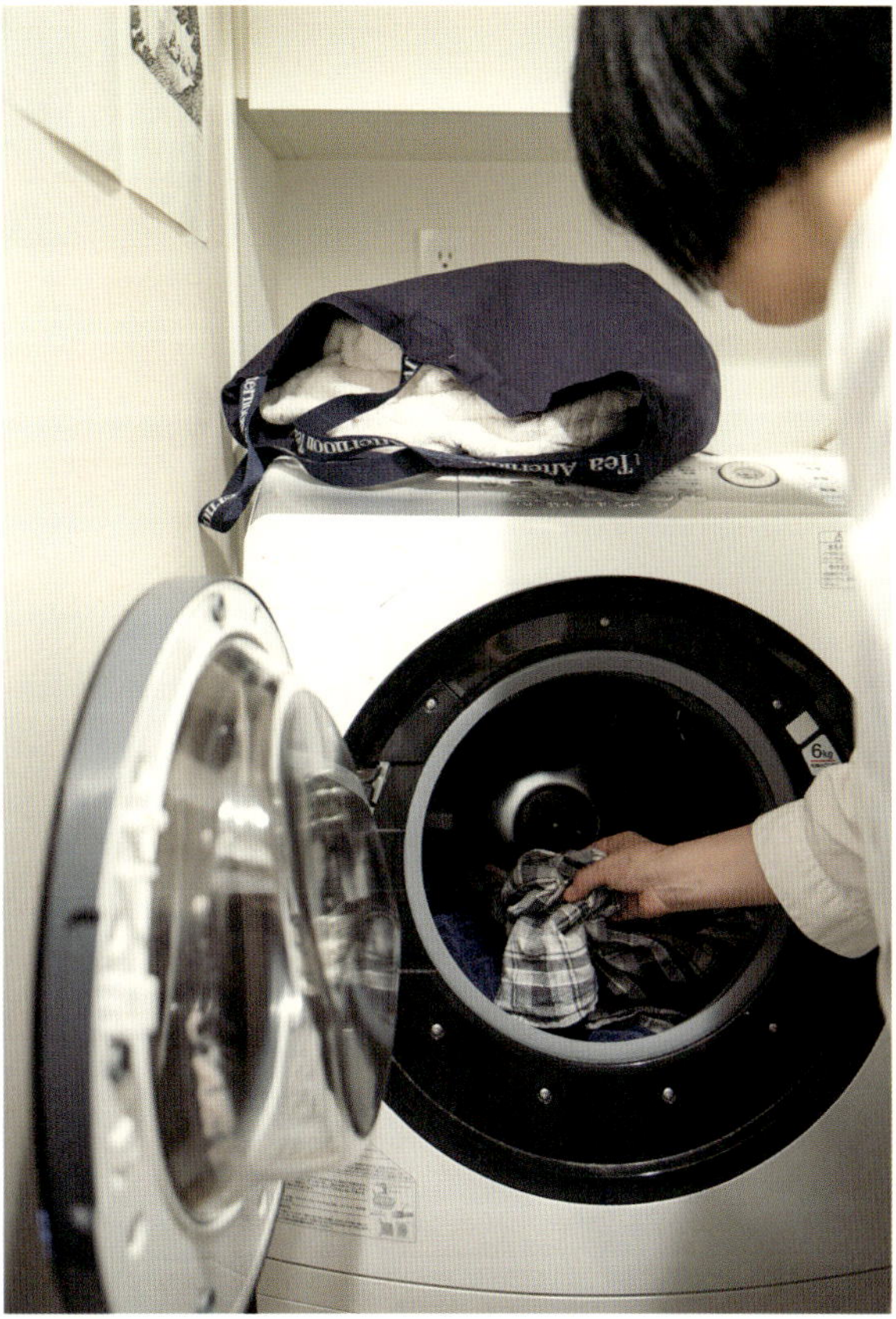

洗濯機に入った服は乾燥まで

→「別洗いバッグ」で分別を

洗う服は直接投入、乾燥まで行います。ただ、デリケート洗い、乾燥不可などを一度入れた中から掘り出してチェックするのは大変。あらかじめ「別洗いバッグ」に入れて仕分けの手間を省き、洗濯機まわりも散らかしません。

トイレ掃除は各自で

→マット、スリッパなしで汚れを見やすく

トイレは各自が掃除するようにしています。マットもスリッパも置いていないので、汚れが隠れず、軽く見渡せば気付くので拭き掃除も簡単です。スリッパなしなので素足で入ることも、いつも清潔にしようと思えるモチベーションに。

化粧品もサイズダウン。鮮度良く肌トラブル知らずです

ブラシ類
パレット内のブラシではなく、ミニサイズの上質なブラシを使っています。『ボビイブラウン』のミニブラシは限定キットを購入しました。

ビューラー
かさばりがちなビューラーも、『MUJI』の携帯用アイラッシュカーラーならパタンと折りたためます。金属製に比べ当たりが柔らかなのも嬉しい。

化粧水
『MUJI』の敏感肌用・しっとりタイプを使用。パッケージも軽く、片手だけで扱えます。手頃な価格なので、たっぷり使え、肌の調子もいいです。

ポーチは…
『マリメッコ』のミニポーチ。普段はクローゼットにしまい、出かける時や旅行時はこのまま持ち出します。

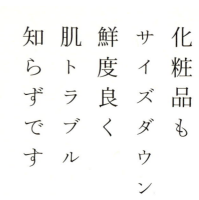

保湿用オイル
『DHC』のオリーブバージンオイル。このミニサイズはドラッグストアで購入。一回一滴という気軽さで続けやすいです。

リップバーム
何を使っても唇の皮が剥けていたのですが、ようやく自分に合ったものが見つかりました。『キールズ』のリップバームは持ち歩きにも。

日焼け止め
20代の頃から愛用している『ランコム』のUVエクスペール。最近は色や機能も選べ、より便利に。下地クリームとして、一年中使っています。

大袈裟な……と思うかもしれませんが、寝ぼけた朝は、化粧水のビンすら重く感じるようなことがあります。

使っているのはトラベルサイズのスキンケアアイテム。片手で軽々持てる重さで、収納場所も取りません。この化粧水なら二週間くらいで一本。鮮度のいい状態で使いきっています。

不経済に思われがちですが、途中で肌の調子や使用感の好みが変わったり、劣化して使いきれないほうがもったいない。使いかけのビンがいくつも溜まることもなくなります。最後の一滴までしっかり使いきれるのは、なかなか爽快です。

明日の予定は眺めるくらいがちょうどいい

朝は歯を磨きながら、また、夜のお風呂あがりに、洗面所に貼られたカレンダーを、ぼーっと眺めています。もうすぐ今月も終わりかぁ。来週は三連休なのか……と。

スケジュールを組み立てたり、具体的な予定を決めたりではなく、ぼんやりと眺める。時間との付き合い方は、そのくらいゆるいほうが、今の私たちにはちょうどいいようです。

罫線の入ったカレンダーをリビングに置いて、お互いのスケジュールをびっしり書き込む。そんなことも、すこし前までは活気があって楽しく感じました。ですが、今は、家ではもうすこし穏やかに過ごしたいと思うようになりました。年を重ねて、ふたりの考えや求める暮らしが変化してきたのでしょう。

ちょっとばかり寝坊した休日のベッドでのびをしながら、また、夕方まだ明るいうちからふたりで夕飯を作りながら、そしてお互いが遅く帰った夜にソファに座ってコーヒーを飲みながら……「ああ、快適だ」と何度つぶやいたことでしょう。

私たちにとって「家」とは、くつろぐ場所です。狭くて落ち着かないんじゃない？　いえいえ。小さな家だからこそ、こんなふうに落ち着いて暮らせるのです。

トーヴェ・ヤンソンのモノクロのイラストカレンダーを3年連続で選んでいます。わが家の定番カレンダーです。

柳本あかね
Yanagimoto Akane

静岡県出身。グラフィックデザイナー。二級建築士。東京・飯田橋のカフェバー「茜夜」店主。日本茶インストラクターの資格を生かし、講座やワークショップも開催。著書に『神楽坂「茜や」の小さな暮らし』、『「茜や」の小さく楽しむおうち歳時記』、『「茜夜」のシンプルに暮らす小さなキッチン』(共に河出書房新社)など。
http://www.akane-ya.net/

小さな家の暮らし

2017年 9 月30日 初版第1刷発行
2017年10月18日 初版第2刷発行

発行者
澤井聖一

発行所
株式会社エクスナレッジ
〒106-0032
東京都港区六本木7-2-26
http://www.xknowledge.co.jp/

問い合わせ先
[編集] tel 03-3403-1381　fax 03-3403-1345
[販売] tel 03-3403-1321　fax 03-3403-1829
mail　info@xkowledge.co.jp